职业教育城市轨道交通专业工作手册式系列教材

城市轨道交通电客车驾驶

主　编　杨启川　张冠男

副主编　杜彩霞　郑乔峰

参　编　艾　钊　金有琴　陈丽君
李开全　邓书明　张　波
陈　铎　丁海洋　薛维佳

主　审　王　鑫

机械工业出版社

本书编者在充分的市场调研基础上，明确了企业对技能人才的实际需求，依据城市轨道交通类专业毕业生所从事职业的实际需要，对学生应具备的知识结构和能力结构进行了精准的定位，从而确定本书的主要内容。本书分为五个项目，每个项目分成多个任务，具体项目包括出、退勤作业，整备作业，出、入车辆段（场）作业，正线运行作业及其他作业。本书对城市轨道交通电客车驾驶岗位标准化作业各环节的基本概念、作业流程、注意事项进行了详细的介绍，书中内容图文并茂、生动形象。

本书可供城市轨道交通列车司机岗位培训和职业院校城市轨道交通相关专业使用，也可供该专业成人教育使用，还可供从事城市轨道交通车辆检修的其他人员学习参考。

为方便教学，本书配有二维码、工作页、电子课件，凡选用本书作为授课教材的教师均可登录机械工业出版社教育服务网（www.cmpedu.com）以教师身份注册后免费下载电子课件。

图书在版编目（CIP）数据

城市轨道交通电客车驾驶/杨启川，张冠男主编．—北京：机械工业出版社，2022.7（2024.9重印）

职业教育城市轨道交通专业工作手册式系列教材

ISBN 978-7-111-70785-1

Ⅰ.①城… Ⅱ.①杨…②张… Ⅲ.①城市铁路-轨道交通-电车-驾驶员-职业教育-教材 Ⅳ.①U266.2

中国版本图书馆CIP数据核字（2022）第083748号

机械工业出版社（北京市百万庄大街22号 邮政编码100037）

策划编辑：于志伟　　责任编辑：于志伟　张双国

责任校对：郑　婕　王明欣　封面设计：张　静

责任印制：单爱军

北京虎彩文化传播有限公司印刷

2024年9月第1版第2次印刷

210mm×285mm · 9.75印张 · 212千字

标准书号：ISBN 978-7-111-70785-1

定价：49.80元

电话服务　　网络服务

客服电话：010-88361066　　机　工　官　网：www.cmpbook.com

010-88379833　　机　工　官　博：weibo.com/cmp1952

010-68326294　　金　书　网：www.golden-book.com

机工教育服务网：www.cmpedu.com

前　言

PREFACE

随着城镇化进程的加快，城市流动人口和常住人口的增加，城市公路交通日益拥堵，城市轨道交通由于既可以解决这一城市难题，又节能环保，因此得到越来越多城市的青睐，发展前景十分光明。城市轨道交通电客车司机是城市轨道交通系统运转的核心岗位之一，各大城市轨道企业对电客车司机的数量需求不断增加，对其质量要求也在不断提升。本书是根据《国家中长期教育改革和发展规划纲要（2010—2020 年）》精神，以服务为宗旨、以就业为导向，由专业骨干教师编写的。

本书分为五个项目，每个项目分成多个任务，具体项目包括出、退勤作业，整备作业，出、入车辆段（场）作业，正线运行作业及其他作业。本书对城市轨道交通电客车驾驶标准化作业各基本作业环节的基本概念、作业流程、注意事项进行了详细的介绍，书中内容图文并茂、生动形象。本书部分作业项目配有二维码，学生可通过扫描二维码观看相应的视频。本书主要特色如下：

1）将电客车司机岗位标准化作业分为多个项目，每一个项目分解成多个任务，以任务为基本单元，学完一个任务就能掌握相应的知识和技能。

2）每一个知识点的讲解都紧紧围绕着“标准化作业”这一核心，本书所讲的所有知识点都给出了其在电客车司机岗位标准化作业的具体应用。

3）全书配图现场感强、形象生动、方便学生理解。本书配有同步课件，方便教师讲授。

4）本书每个作业项目对应的子任务，均配备了一体化教学用工作页，学生可在教师的引导下，以小组为单位，按照工作页的逻辑指引完成学习任务。

本书由重庆铁路运输技师学院杨启川、温州市铁路与轨道交通投资集团有限公司运营分公司（以下简称温州铁投）车辆部副部长张冠男担任主编并负责全书的统稿，青岛地铁集团公司专家王鑫担任本书的主审，杜彩霞（重庆铁路运输技师学院）、郑乔峰（温州铁投乘务中心副主任）担任副主编。参与本书编写的还有重庆铁路运输技师学院艾钊、金有琴、陈丽君、邓书明，重庆公共运输职业学院张波，以及企业专家李开全（原成都铁路局集团公司重庆机务段指导司机、技师）、陈铎（温州铁投乘务中心副主任）、丁海洋（温州铁投乘务中心司机长）、薛维佳（温州铁投乘务培训工程师）。在本书的编写过程中，得到了属地地铁公司的大力支持和帮助，并且参考和引用了很多文献资料及图片，在此，谨对相关人员表示衷心的感谢。

限于编者水平，书中难免有不妥之处，敬请广大读者批评指正。

编　者

二维码清单

名称	图形	名称	图形
入场作业流程		出场作业流程	
出勤作业流程		退勤作业流程	
整备作业（静态）		整备作业（动态）	
站台作业		站台折返	
正线运行作业流程			

目 录
CONTENTS

项目一 出、退勤作业

01

出勤作业是电客车司机所担当交路任务的第一个作业环节，司机必须按规定时间到指定工作场所完成规定作业内容，从出勤作业开始，司机就应进入严谨守时、有条不紊的工作状态。退勤作业是电客车司机所担当交路任务的最后一个作业环节，主要任务是汇报车辆状况、运行情况，归还列车钥匙、行车备品，阅知下一次出勤的时间地点等。本项目的学习任务分为：

任务一　出勤作业

任务二　退勤作业

课堂笔记

任务一 出勤作业

【任务导入】

2019 年 5 月 22 日 3:30，某市地铁 1 号线司机王××担任早 3 班交路，在太平车辆段派班室准备进行出勤作业。作为一名电客车司机，该如何正确、及时地完成出勤作业任务呢？

【学习目标】

目标名称	目标内容
知识目标	能口述出勤作业流程★
技能目标	能在教室利用情景演示方法完成出勤作业流程◆
	能发现并评价他人在流程执行规程中的违章情况

注：◆ 代表学习难点；★ 代表学习重点。

【知识准备】

一、基本定义

出勤作业是电客车司机所担当交路任务的第一个作业环节，是司机按规定时间到指定工作场所完成规定作业内容的过程。

二、分类

出勤按出勤地点的不同可分为车场出勤、正线出勤和电话出勤 3 种。

三、出勤的流程

1. 车场出勤

1）司机的出勤必须在规定时间内由本人到派班室办理。

2）司机出勤应按规定着装，携带行车备品（荧光服、电筒、手表）及规章文本（行规、事规、车辆故障处理指南、信号设备故障处理指南等），将个人手机置于关闭状态，准时到派班室出勤。

3）出勤登记按规定时间在终端机上办理。终端机的出勤时间为酒精测试、答题环节通过后在终端机上点击出勤的时间。

4）司机在办理出勤手续时，应认真抄/阅调度命令，认真阅读行车注意事项，做好安全预想，并在司机日志上做好记录（图 1-1）。

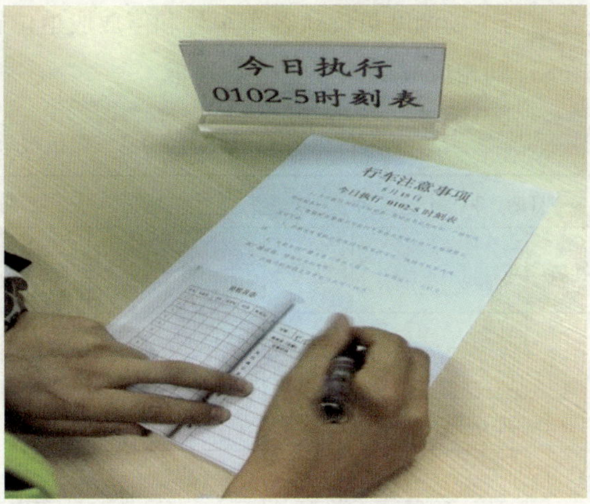

图 1-1　车场出勤

5）领取司机报单及行车备品，认真检查行车备品是否携带齐全、作用良好（将对讲机旋钮音量调至最大，确认频道在车场组，并锁死旋钮），并在司机出勤登记簿登记（图 1-2）。

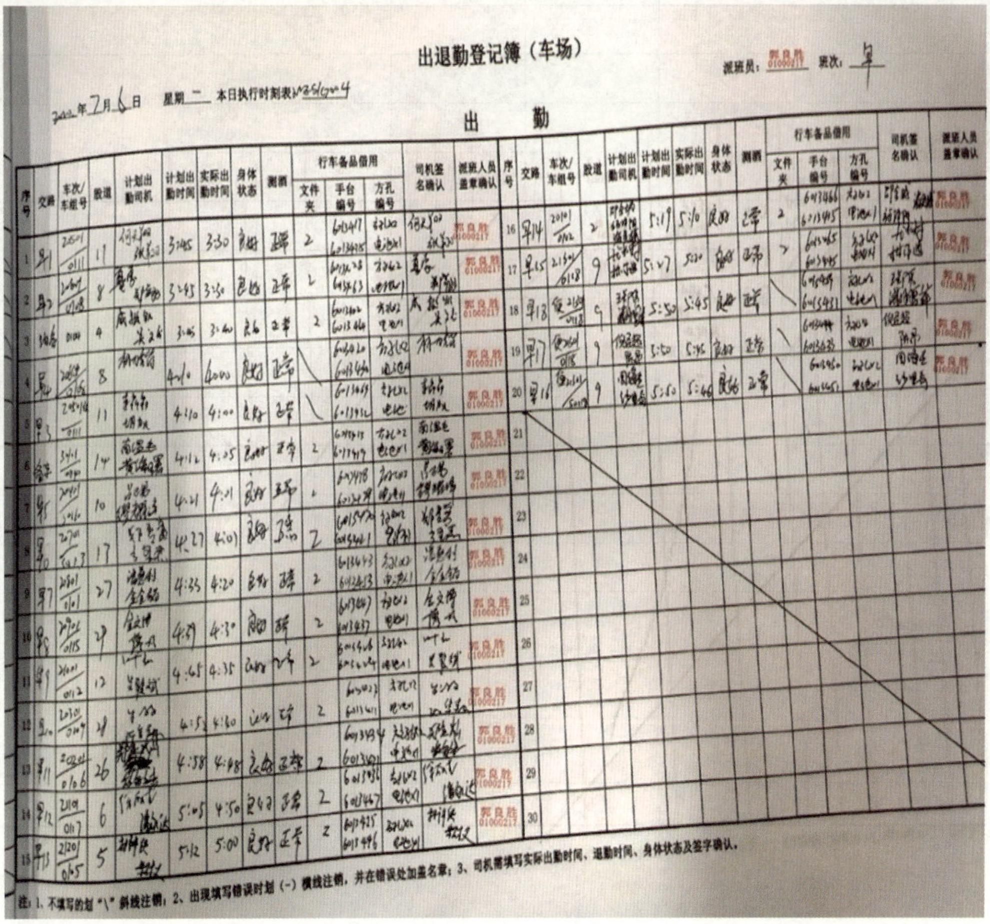

出退勤登记簿（车场）

派班员：　班次：早

年7月6日　星期二　本日执行时刻表：

出　勤

序号	交路	车次/车组号	股道	计划出勤司机	计划出勤时间	实际出勤时间	身体状态	测酒	行车备品借用：文件夹	行车备品借用：手台编号	行车备品借用：方孔编号	司机签名确认	派班人员盖章确认

注：1、不填写的划“\”斜线注销；2、出现填写错误时划（-）横线注销，并在错误处加盖名章；3、司机需填写实际出勤时间、退勤时间、身体状态及签字确认。

图 1-2　出勤登记簿

6）由派班员（含派班司机、下同）确认司机符合出勤条件并在司机报单（表 1-1）和司机日志（图 1-3）上签章后，司机才可出勤。

7）到车场调度员处领取客车钥匙，在运用电客车状态卡（图 1-4）并做好登记

课堂笔记

签名，与车场调度员确认客车车号和停放股道位置。

8）到相应股道按规定整备列车。

课堂笔记

表 1-1　司机报单

日期：20______年______月______日			星期：______			时刻表：______	
姓名		工号		班组		出勤时间	
股道		出库车组号		出库车次		派班人员	
序号	车组号	车次	始发站	发车时间	终点站	到站时间	公里
1							
2							
3							
4							
5							
6							
7							
8							
9							
10							
11							
12							
13							
14							
15							
16							
行车记事							
退勤时间		派班人员		行车公里数			

2. 正线出勤

1）司机的出勤应当在规定时间内由司机本人到正线派班室办理，特殊情况下可以采用电话办理出勤。

2）司机出勤时必须保持精神状态良好，按规定着装，并带齐行车备品。

3）司机在出勤前认真阅读行车注意事项，做好安全预想，并在“司机日志”上做好记录。

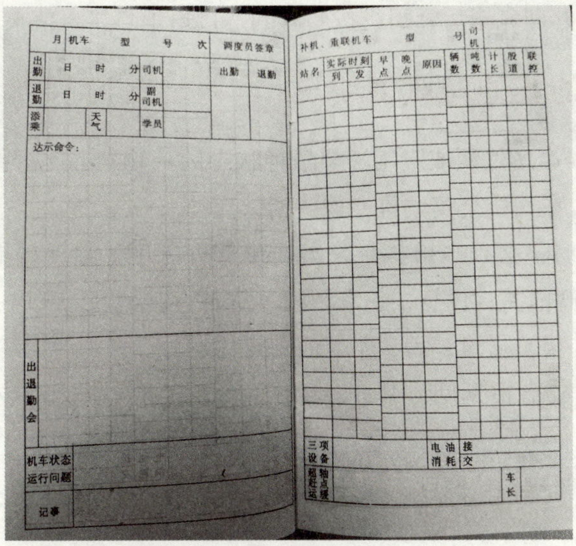

图 1-3 司机日志

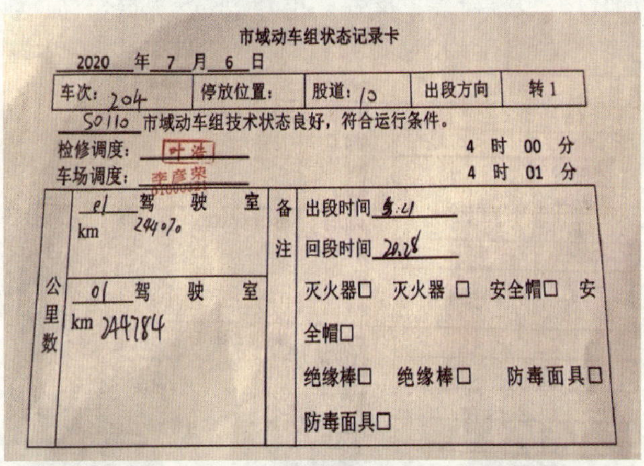

图 1-4 运用电客车状态卡

课堂笔记

4）派班员确认司机的精神状态，审核司机日志的行车注意事项，符合安全行车要求后签章交还司机，并口头转达有关安全注意事项，发放行车钥匙（车辆段/停车场由车场调度员发放）和司机报单。

5）司机在司机出勤登记簿登记并认真参加班前会。

6）派班员或司机长（车队长）在司机报单、司机日志上签章后，司机才可出勤。

7）到指定位置接车。

3. 电话出勤

1）出勤人员应保持精神状态良好，着装符合上岗要求，带齐行车备品，按出勤时间提前 10min 到换乘室（车站车控室）打电话给派班员办理出勤手续。

2）派班员确认来电为出勤地点电话，传达行车指示内容给出勤司机。

3）出勤司机记录下派班员所传达的行车指示并复诵给派班员，并传达到共同出勤人员。

4）由派班员确认记录正确后，司机才可出勤。

5）出勤手续办理完毕后，司机按要求到达接班地点接班值乘。

四、出勤的其他注意事项

课堂笔记

1）出勤前 8h 严禁饮酒或服用影响精神状态的药物，并充分休息；值乘早班交路时，值乘司机应在司机公寓候班，保持精力充沛。

2）公寓候班时，必须严格执行公寓候班管理制度，签到后不准外出，高峰回段/场司机在 23:00 前关灯休息，正常回段/场司机在退勤后 1h 内关灯休息；特殊交路需要提前一天在公寓候班，需 23:55 前关灯休息。

3）公寓候班或借宿期间，禁止饮酒及进行任何娱乐活动或影响他人休息的活动。

4）严格执行叫班签认制度，保证准时出勤。

5）着装要求（图 1-5）：

① 春秋季：西服套装+长袖衬衫+黑色皮鞋（单）+领带+领带夹+肩章+工牌。

② 夏季：短袖衬衫+夏裤+黑色皮鞋（单）+领带+领带夹+肩章+工牌。

③ 冬季：毛呢大衣+马甲+长袖衬衫+西服套装裤子+黑色皮鞋（棉）+领带+领带夹+肩章+工牌。

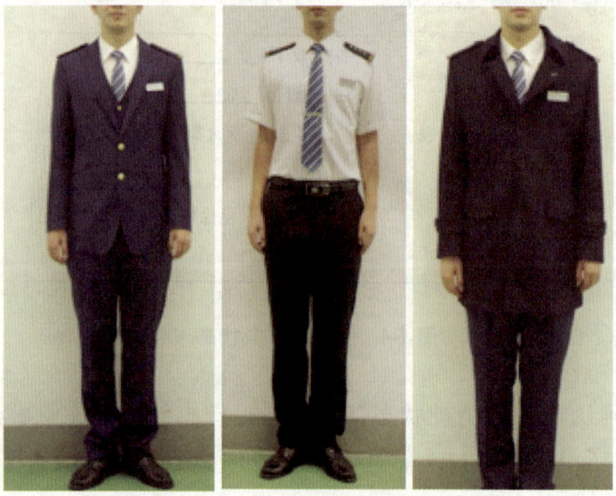

图 1-5　春秋季、夏季及冬季着装

【信息收集】

一、我们的学习任务是什么？

____

____

____

____

二、为顺利完成本学习任务，请按要求完成信息的收集。

1）任务实施的场地：______________________________

2）任务实施的着装要求：______________________

3）任务实施的站点：______________________

4）派班室出勤作业流程：______________________

____

____

____

【制订计划】

根据任务要求，结合出勤作业流程对小组进行合理分工，制订详细的任务计划。

1）在表 1-2 中填好基础信息。

表 1-2　基础信息登记表

类别	描述
车辆段出勤演练	演练场景布置： 演练表格设计：☐ 状态记录卡　☐ 行车事件单　☐ 出退勤登记簿 ☐ 交路表　☐ 其他 演练用行车备品准备： 演练行车案例： 小组成员是否全员熟悉演练流程：☐ 是　☐ 否
正线出勤演练	演练场景布置： 演练表格设计：☐ 状态记录卡　☐ 行车事件单　☐ 出退勤登记簿 ☐ 交路表　☐ 其他 演练用行车备品准备： 演练行车案例： 小组成员是否全员熟悉演练流程：☐ 是　☐ 否
电话出勤演练	演练场景布置： 演练表格设计：☐ 状态记录卡　☐ 行车事件单　☐ 出退勤登记簿 ☐ 交路表　☐ 其他 演练用行车备品准备： 演练行车案例： 小组成员是否全员熟悉演练流程：☐ 是　☐ 否

2）在表 1-3 中记录小组成员分工。

表 1-3　分工表

序号	组长	记录员	地铁司机	裁判

【实施计划】

在教师的引导下，以小组为单位学习相关知识，填写表 1-4 并组织小组成员演练。

课堂笔记

课堂笔记

表 1-4　实施计划表

序号	考核项目	内容及要求	备注
1	着装		
2	状态记录卡/行车事件单填写		
3	行车备品领取登记		
4	停车股道及车号记录		
5	规范用语		

【检查与控制】

每个小组推选出代表，扮演司机角色，完整地进行本项目的实操过程。各个小组的裁判员组成裁判员团队，对司机进行打分，指定记录员对得分进行计算并记录在表 1-5 中。

表 1-5　评价记录表

序号	考核项目	考核内容及要求	配分	评分标准	得分	备注
1	着装	出勤时，司机须着装整齐、肩章凭证	20 分	未按要求执行，本项不得分		
2	状态记录卡/行车事件单填写	按状态记录卡/行车事件单规定的内容进行填写，书写工整、全面	20 分	未按要求执行，扣 5 分/项		
3	行车备品领用登记	领用数量齐全、登记规范	20 分	未按要求执行，扣 5 分/项		
4	停车股道、车号	认真确认车号及停车股道，并抄写在司机日志上	20 分	未按要求执行，或确认错误，扣 5 分/项		
5	规范用语	出勤用语规范、连贯、音量适中	20 分	未按要求执行，扣 5 分/项		
总分 100 分						

裁判员：　　　　　　　　记录员：　　　　　　　　司机：

【评价反馈】

1. 自我评价（表 1-6）

表 1-6　自我评价表

我做得好的地方	我还存在这些方面的问题
□ 动作准确	□ 动作不到位
□ 作业流程熟悉	□ 作业流程不熟悉
□ 着装符合要求	□ 着装不符合要求
□ 操作用时合理	□ 操作用时过长
□ 工作态度端正	□ 工作态度不够端正

2. 小组评价

我们组做到了：☐全员参与 ☐分工明确 ☐工作高效 ☐完成了工作任务

3. 教师评价（表 1-7）

表 1-7 教师评价表

评价内容	评价指标	等次（星级评定）
活动态度方面	1）态度是否积极，是否主动组织或参与活动 2）与小组同学合作是否良好 3）活动是否认真、善始善终 4）是否勇于克服困难	☆☆☆☆☆
知识技能方面	1）查阅资料技能 2）实地观察记录能力 3）理论联系实际的应用能力 4）整理材料能力	☆☆☆☆☆

【知识巩固】

一、选择题

1. 出勤按出勤地点的不同可分为（　　）3 种。

A. 车场出勤　B. 正线出勤　C. 电话出勤　D. 其他出勤

2. 司机出勤携带的行车备品包括（　　）。

A. 电筒　B. 手表　C. 荧光服　D. 打火机

3. 司机在电话出勤时，按出勤时间提前（　　）min 到换乘室打电话给派班员办理出勤手续。

A. 5　B. 10　C. 15　D. 20

4. 公寓候班时，必须严格执行公寓候班管理制度，签到后不准外出，高峰回段/场司机，在（　　）前关灯休息。

A. 22:00　B. 22:30　C. 23:00　D. 23:30

5. 电客车司机在上班前（　　）h 内禁止饮酒。

A. 4　B. 6　C. 8　D. 10

二、填空题

1. 出勤作业是电客车司机所担当__________任务的第一个作业环节。

2. 出勤登记按规定时间在终端机上办理，终端机的出勤时间为__________、__________通过后在终端机上点击出勤的时间。

3. 由派班员确认司机符合出勤条件并在__________和__________上签章后，司机才可出勤。

4. 司机在车场出勤时，要确认客车__________和停放__________位置。

5. 公寓候班或借宿期间，禁止__________及进行任何__________或影响他人休息的活动。

6. 严格执行__________签认制度，保证__________出勤。

7. 车场发出列车在__________出勤，正线接车司机在__________出勤。

课堂笔记

课堂笔记

三、判断题

1. 司机在车场出勤时，必须在规定时间内由本人到派班室办理。（ ）

2. 司机在正线出勤时，必须保持精神状态良好，可以随意着装，可带齐行车备品。（ ）

3. 司机在办理出勤手续时，应认真抄/阅调度命令，认真阅读行车注意事项，做好安全预想，并在司机日志上做好记录。（ ）

4. 司机在正线出勤手续办理完毕后，要按时到指定位置接车。（ ）

5. 电话出勤手续办理完毕后，司机应按要求到达接班地点接班值乘。（ ）

任务二 退勤作业

【任务导入】

2019 年 5 月 22 日 9:30，某市地铁 1 号线司机王××完成了早 3 班交路的值乘任务，来到 1 号线大学城站正线派班室进行退勤作业。作为一名电客车司机，该如何正确、及时地完成退勤作业任务呢?

【学习目标】

目标名称	目标内容
知识目标	能口述退勤作业流程★
技能目标	能在教室利用情景演示方法完成退勤作业流程◆
	能发现并评价他人在流程执行规程中的违章情况

注：◆ 代表学习难点；★ 代表学习重点。

课堂笔记

【知识准备】

一、基本定义

退勤是指司机按计划完成值乘任务后，将列车驶回停车库或者将列车交给其他接班司机后离开驾驶岗位，到规定的地点办理“乘、地”行车事宜，汇报运行情况以及行车资料交接、审核等手续的过程。

二、退勤作业流程

1. 车场（车辆段）退勤

1）列车进场停稳；归还列车状态卡，做好记录，向车场调度说明列车的状态、防护情况及停车位置。

2）到派班室后须核对行车备品齐全、状态良好后在“备品借用/归还登记本”登记。

3）司机在本次值乘任务退勤时填写下一个值乘任务，在司机手账上填写本次值乘任务的退勤时间，下个任务的值乘日期、时间、地点、运行图表号、位置图号

课堂笔记

等内容。

4）退勤时，司机须着装整齐，将司机手账和司机报单放于派班台面上，申请退勤（图 1-6），标准用语为：“××交路司机申请退勤”。

5）派班员核对无误后回复：“××交路司机可以退勤”。

6）当值期间发生事件/事故时，需填写行车事件单，填写时要字迹工整，语言简洁，叙述事件清楚、详实、准确。

图 1-6　车场退勤作业

2. 正线退勤

1）正线退勤时，同一机班人员到正线派班室办理退勤手续。

2）唱诵“××组值乘×××车××××次，列车运行正常，下次出勤时间××时××分”。值班员确认后答“注意接车时间”。

3. 电话退勤

1）电话退勤方式仅在列车正线调试或调试完毕直接投入运营服务和列车过线等情况下采用。

2）退勤司机到扣车站车控室使用内线电话向车场派班员办理退勤，传真事件单（如果有事件单）。

3）列车过线或其他作业计划暂不需要接车司机时，经行车调度员及其他线车场的车场调度同意，司机做好防护后，在扣车的车站/车场电话退勤，将司机报单及“事故/事件、好人好事登记表”（表 1-8）传真到车场派班室。

4）填写行车事件单。

表 1-8　行车事故/事件、好人好事登记表

姓名		时间	年　月　日　时　分
现场人员		地点（区间、公里、米）	
车次		车号	
类别	1. 事故　2. 事件　3. 好人好事		
事故/事件、好人好事概况及原因			
处理情况			

4. 特殊状况退勤

1）正线突发情况需提前退勤的司机、临时替班的司机应与正线司机长办理退勤。

2）司机当班期间如无行车事故发生，司机长不组织召开班组会，且交路是便乘下班时打电话至司机长退勤，退勤后确保及时上交司机报单。高峰组司机便乘交路时，在指定换乘室打电话到派班室进行退勤作业。

3）班后做好行车总结。对于行车工作中发生的事故，必须及时、准确地汇报，便于有关人员进行调查处理。

三、退勤作业安全规定

1）执乘司机要亲自退勤，不得代理。

2）退勤时，须按要求逐项完成退勤作业手续，不得简化作业。

3）遇下列情况时，不得退勤。

① 不在规定退乘地点时；

② 设备备品不清时；

③ 接班司机未到岗时；

④ 发生车辆故障或行车事件未交接清楚时；

⑤ 会议室及换乘室卫生不清洁时；

⑥ 不具备退勤的其他情况。

4）交接班期间，如果接班司机未及时到岗，交班司机必须先将列车开到终点站，再听从司机长安排。若接班司机未按时接班，一律按“漏乘”处理。

课堂笔记

【信息收集】

一、我们的学习任务是什么？

____

____

____

二、为顺利完成本学习任务，请按要求完成信息的收集。

1）任务实施的场地：______________________________

2）任务实施的着装要求：______________________________

3）任务实施的站点：______________________________

4）派班室退勤作业流程：______________________________

____

____

【制订计划】

根据任务要求，结合退勤作业流程对小组进行合理分工，制订详细的任务计划。

课堂笔记

1）在表 1-9 中填好基础信息。

表 1-9　基础信息登记表

类别	描述
车辆段退勤演练	演练场景布置： 演练表格设计：□ 状态记录卡　□ 行车事件单　□ 出退勤登记簿　□ 交路表　□ 其他 演练用行车备品准备： 演练行车案例： 小组成员是否全员熟悉演练流程：□ 是　□ 否
正线退勤演练	演练场景布置： 演练表格设计：□ 状态记录卡　□ 行车事件单　□ 出退勤登记簿　□ 交路表　□ 其他 演练用行车备品准备： 演练行车案例： 小组成员是否全员熟悉演练流程：□ 是　□ 否
电话退勤演练	演练场景布置： 演练表格设计：□ 状态记录卡　□ 行车事件单　□ 出退勤登记簿　□ 交路表　□ 其他 演练用行车备品准备： 演练行车案例： 小组成员是否全员熟悉演练流程：□ 是　□ 否

2）在表 1-10 中记录小组成员分工。

表 1-10　分工表

序号	组长	记录员	地铁司机	裁判

【实施计划】

在教师的引导下，以小组为单位学习相关知识，填写表 1-11 并组织小组成员演练。

表 1-11　实施计划表

序号	考核项目	内容及要求	备注
1	着装		
2	状态记录卡/行车事件单填写		
3	行车备品归还登记		
4	下次交路抄写		
5	规范用语		

【检查与控制】

每个小组推选出代表，扮演司机角色，完整地进行本项目的实操过程。各个小组的裁判员组成裁判员团队，对司机进行打分，指定记录员对得分进行计算并记录在表 1-12 中。

表 1-12　评价记录表

序号	考核项目	考核内容及要求	配分	评分标准	得分	备注
1	着装	退勤时，司机须着装整齐、肩章凭证	20 分	未按要求执行，本项不得分		
2	状态记录卡/行车事件单填写	按状态记录卡/行车事件单规定的内容进行填写，书写工整、全面	20 分	未按要求执行，扣 5 分/项		
3	行车备品归还登记	归还数量齐全、登记规范	20 分	未按要求执行，扣 5 分/项		
4	下次交路抄写	抄写正确（值乘日期、时间、地点、运行图表号、位置图号等内容）、字迹工整	20 分	未按要求执行，扣 5 分/项		
5	规范用语	退勤用语规范、连贯、音量适中	20 分	未按要求执行，扣 5 分/项		
总分 100 分						

裁判员：　　　　　　记录员：　　　　　　司机：

课堂笔记

【评价反馈】

1. 自我评价（表 1-13）

表 1-13　自我评价表

我做得好的地方	我还存在这些方面的问题
□ 动作准确	□ 动作不到位
□ 作业流程熟悉	□ 作业流程不熟悉
□ 着装符合要求	□ 着装不符合要求
□ 操作用时合理	□ 操作用时过长
□ 工作态度端正	□ 工作态度不够端正

2. 小组评价

我们组做到了：□ 全员参与　□ 分工明确　□ 工作高效　□ 完成了工作任务

课堂笔记

3. 教师评价（表 1-14）

表 1-14 教师评价表

评价内容	评价指标	等次（星级评定）
活动态度方面	1）态度是否积极，是否主动组织或参与活动 2）与小组同学合作是否良好 3）活动是否认真、善始善终 4）是否勇于克服困难	☆☆☆☆☆
知识技能方面	1）查阅资料技能 2）实地观察记录能力 3）理论联系实际的应用能力 4）整理材料能力	☆☆☆☆☆

【知识巩固】

一、选择题

1. 司机在本次值乘任务退勤时填写下一个值乘任务，需要填写下个任务的值乘（　　）和位置图号等内容。

A. 日期　　B. 时间

C. 地点　　D. 运行图标号

2. 当值期间发生事件/事故时，需填写行车事件单，填写时要字迹工整，语言简洁，叙述事件（　　）。

A. 清楚　　B. 详实　　C. 准确　　D. 夸大其词

3.（　　），不得退勤。

A. 不在规定退乘地点时

B. 设备备品不清时

C. 接班司机未到岗时

D. 发生车辆故障或行车事件未交接清楚时

4. 以下不属于司机退勤要求的是（　）。

A. 抄写调度命令

B. 交回行车备品

C. 汇报运行情况和驾驶过程中发现的车辆故障

D. 确认下次出勤的时间和地点

5. 电客车司机退勤时，每次都需要上交的是（　　）。

A. 司机报单　　B. 行车事件单

C. 学员报单　　D. 司机日志

二、填空题

1. 退勤是指司机按计划完成__________任务后，将列车驶回__________或者将列车给其他接班司机后离开驾驶岗位，到规定的地点办理__________行车事宜，汇报运行情况以及行车资料__________、__________等手续的过程。

2. 司机在退勤时，要归还__________，做好记录，并向车场调度说明列车的

____________、防护情况及____________位置。

3. 司机退勤到派班室后，须核对行车____________齐全、状态良好。

三、判断题

1. 司机在本次值乘任务退勤时填写下一个值乘任务，在司机手账上填写本次值乘任务的退勤时间。（　）

2. 退勤时司机须着装整齐，将司机手账和司机报单放于派班台面上，申请退勤。（　）

3. 司机申请退勤，派班员无需核对司机手账和司机报单，可以直接回复：“××交路司机可以退勤”。（　）

4. 正线退勤时，不同机班人员到外勤派班室办理退勤手续。（　）

5. 执乘司机不需要亲自退勤，可以代理。（　）

延伸阅读

2020 年春节疫情暴发时期，全国人民万众一心，共同抗“疫”。在疫情最严重的时候，地铁司机们一直坚守在自己的工作岗位上，没有一个人因为恐惧而退缩。特殊时期，他们每天都会提前到达单位，除了增加各方面的消杀、防护措施等环节，依然和平时一样，准时到派班室出勤，开始一天的工作，保证城市轨道交通的正常运营。

身在其中，方知责任之重，路途之远。正点上班、安全开好每一班列车，这是地铁司机对乘客的诺言，面对疫情，他们坚守这份承诺，战斗在一线，为市民的出行提供保障，他们是地铁里勇敢的“逆行者”。

课堂笔记

学而思

1. 查找资料，搜集并讲述几个防疫抗疫一线的感人故事。

2. 请说一说地铁里勇敢的“逆行者”具有哪些优良品质？

项目二 整备作业

02

整备作业是指电客车司机出勤后到达列车所在股道后，确认股道和车号与列车状态卡相符，以及电客车两侧及车底无人、无异物侵限后，开始对库内即将上线运营的列车进行静态检查和各项功能检查、测试的全过程。本项目的学习任务分为：

任务一　静态检查作业
任务二　动态检查作业

课堂笔记

任务一 静态检查作业

【任务导入】

2021年5月22日3:50，某市地铁1号线司机王××担任早3班交路，在太平车辆段完成出勤任务，来到检修库14道A段，准备对所使用的0107车进行出库前的整备作业。作为一名电客车司机，该如何安全、快速地完成整备作业中的静态检查作业任务呢？

【学习目标】

目标名称	目标内容
知识目标	掌握静态检查作业流程★
技能目标	能利用城市轨道交通模拟驾驶设备完成静态检查作业流程◆
	能发现并评价他人在流程执行规程中的违章情况

注：◆ 代表学习难点；★ 代表学习重点。

【知识准备】

一、整备作业

1. 原则

1）整备作业遵循“先静态、后动态”的原则。

2）按照从上到下、从左到右、从里到外进行检查，严格按照整备作业标准整备列车，避免漏检。

2. 确认要素

1）确认股道及车号。

2）确认两侧、前方及地沟无人且无障碍物侵限。

3）确认电客车两端有无“禁动牌”（有的地铁是设置了红闪灯，见图2-1）。

4）确认股道隔离开关闭合。

5）检查电客车走行部时，必须确认电客车已降弓。

6）整备作业时，必须携带手电筒，对电客车的重点部位进行检查，按相关规定做好电客车静态检查和动态检查，若发现故障信息，及时记录并报告给车场调度员，确保电客车在投入运营前技术状态良好。整备作业开始、完毕均须报告信号楼值班员。

图 2-1　放置红闪灯的电客车

3. 作业顺序

1）非出场端司机室静态检查。

2）检查非出场端头部外观及右侧走行部。

3）出场端司机室静态检查。

4）检查出场端头部外观及左侧走行部。

5）非出场端司机室动态检查作业。

6）锁闭非出场端司机室侧门及通道门，对客室进行检查。

7）出场端司机室动态检查作业。

司机出库前整备作业流程如图 2-2 所示。

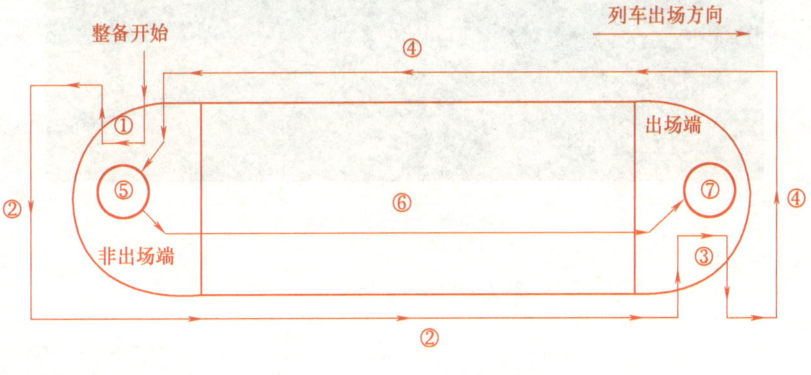

图 2-2　整备作业流程示意图

4. 手指眼看口呼

整备作业及后续各个作业过程中，要求司机全程配合手指眼看口呼，具体要求如下：

1）作业时，司机必须确认设备状态；动车前，必须确认行车凭证、道岔及进路，认真执行“手指呼唤”标准。

课堂笔记

课堂笔记

2）手指口呼必须使用普通话，要求声音洪亮、吐字清晰、明朗利索。

3）手指时，应左臂直伸，左手握拳，大拇指按住无名指，食指与中指并拢伸出，指向所确认的设备、设施；确认后，左手变为五指并拢，同时左臂自然放下。

4）手指口呼应做到呼唤及时，时机不当不呼唤，呼唤的同时必须眼到、心到、手到、口到。

5）呼唤行车标志、信号时，应掌握好准确地点、及时呼唤，以免造成漏呼、错呼。

6）正线运行时，距信号机 200m、距行车标志标识 30m 时，进行手指口呼确认；车辆段运行时，距信号机 30m，行车标志 10m 时，进行手指呼唤确认。

5. 分类

整备作业分为静态检查作业和动态检查作业两个部分。

二、静态检查作业

静态检查是指在电客车未上电的情况下，司机对电客车车体外部及内部各设备外观进行的检查。本节主要阐述整备作业的静态检查部分，其检查内容及标准如下（不同地铁公司略有不同）。

1. 车体外部检查（图 2-3）标准（表 2-1）

图 2-3 走行部检查

表 2-1 走行部检查标准

序号	检查内容	执行标准
1	车体外观（包括受电靴）	无损坏、变形，客车轨道交通徽标、客车编组号正确，受流器炭滑板磨损未超限、无裂纹
2	头灯、尾灯、行车灯、终点站显示屏	显示齐全，外观无破损
3	车钩及缓冲装置（包括自动车钩、半永久牵引杆）	无损坏、变形

（续）

序号	检查内容	执行标准
4	转向架	无损坏、变形，空气弹簧无破损、无漏风
5	电气设备箱	外罩齐全，箱盖锁闭良好
6	空气管路系统塞门	位置正确，无泄漏
7	两车间电缆、插座	无损坏、变形，锁闭良好
8	空气压缩机	工作正常，油位在两刻度之间
9	空压机启动装置、制动控制装置	箱盖锁闭良好，无漏风
10	风缸及干燥器（包括主风缸、制动风缸）	各塞门位置正确，无漏风
11	车门关闭状态指示灯、制动缓解指示灯	显示正确、清晰，无破损

2. 司机室（图 2-4）检查标准（表 2-2）

司机室检查标准详见表 2-2。

图 2-4 司机台

课堂笔记

表 2-2 司机室检查标准

序号	检查内容	执行标准
1	司机控制器	均在“零”位，完整无缺，动作灵活无卡滞现象，警惕按钮作用良好
2	无线电（车载电台）	作用良好
3	ATC、车辆显示屏	无明显损坏，信息显示清晰、准确
4	仪表、指示灯	外罩完整、无破裂，显示正确
5	前窗玻璃	清洁，无损坏，雨刮器完整无缺、状态良好
6	司机室侧门、中门	锁闭良好，动作灵活，无明显卡滞现象
7	电器柜	各需要使用的电气设备电源自动开关位置于“闭合位”，旁路开关置于“断开位”，柜门关闭良好

课堂笔记

（续）

序号	检查内容	执行标准
8	辅助设备	防护设备、行车备品、灭火器齐全，功能良好
9	照明灯	状态良好
10	各种按钮开关、转换开关	位置正确，作用良好
11	雨刮器水箱	水箱内水量充足，无泄漏

3. 客室（图 2-5）检查标准（表 2-3）

客室检查标准详见表 2-3。

图 2-5　客室

表 2-3　客室检查标准

序号	检查内容	执行标准
1	客室内观（地板、门窗玻璃等）	清洁、无明显损坏
2	照明	照明良好
3	车门	车顶外罩板锁闭良好，指示灯状态良好，应急解锁手柄位置正确，塑料盖无脱落
4	车顶通风	通风隔栅良好
5	座椅	清洁、无损坏，盖板锁闭良好
6	贯通道侧墙版、顶板、底板	锁闭良好，完整无损坏
7	乘客紧急报警器	无损坏，状态良好
8	灭火器	齐全
9	电气柜	各自动开关位置正确
10	安全锤	齐全，塑料盖无脱落、损坏

【信息收集】

一、我们的学习任务是什么？________________________________

____

二、为顺利完成本学习任务，请按要求完成信息的收集。

1）任务实施的场地：________________________________

2）任务实施的着装要求：________________________________

3）任务实施的站点：________________________________

4）任务作业流程：________________________________

____

____

____

【制订计划】

根据任务要求，确定任务完成所用的模拟驾驶设备型号、所在车辆段、设置的故障数量及位置、每个同学完成的整备作业工作量（全部/部分）等，并对小组进行合理分工，制订详细的任务执行计划。

1）在表 2-4 中填好基础信息。

课堂笔记

表 2-4 基础信息登记表

类别	描述
模拟驾驶设备型号	
所在车辆段	
故障数量	
故障详情	
每个同学完成的整备作业工作量（全部/部分）	

2）在表 2-5 中填写小组成员分工。

表 2-5 分工表

序号	组长	记录员	地铁司机	裁判

课堂笔记

3）在图 2-6 填写静态检查作业流程。

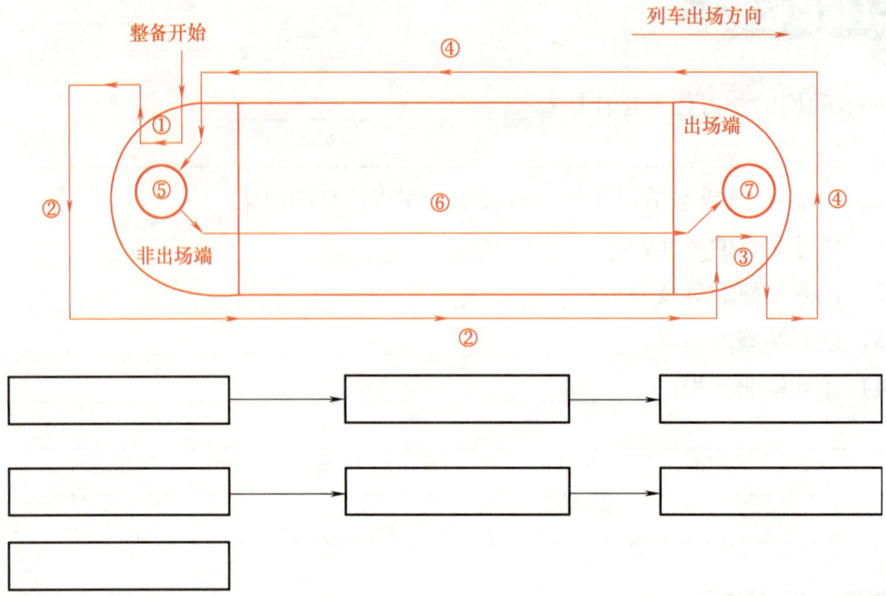

图 2-6　静态检查作业流程

【实施计划】

在教师的引导下，以小组为单位学习相关知识，回答下列问题并组织演练。

在老师对本作业项目步骤 1 的端部静态检查进行讲解示范后，回答下列问题。

步骤 1：走行部检查（①②③④）。

1）作业前联控用语：

____

2）作业前需要确认的必备要素：

□ 股道号　　□ 车组号　　□ 有无禁动牌　　□ 车体两侧无人、无异物侵限

3）手指眼看口呼要求：

____

4）静态检查的起点：

____

5）简述走行部检查的内容，按顺序填写表 2-6。

表 2-6　实施计划表一

序号	检查内容	序号	检查内容
1	车体外观（包括受电靴）	7	
2		8	
3		9	
4		10	
5		11	
6			

步骤 2：非出场端司机室静态检查（⑤）。

1）手指眼看口呼要求：

2）简述司机室检查的内容，按顺序填写表 2-7。

表 2-7 实施计划表二

序号	检查内容	序号	检查内容
1		7	
2		8	
3		9	
4		10	
5		11	
6			

步骤 3：客室检查（⑥）。

1）手指眼看口呼要求：

2）简述客室检查的内容，按顺序填写表 2-8。

表 2-8 实施计划表三

序号	检查内容	序号	检查内容
1		6	
2		7	
3		8	
4		9	
5		10	

课堂笔记

步骤 4：出场端司机室检查（⑦）。

1）手指眼看口呼要求：

2）简述司机室检查的内容，按顺序填写表 2-9。

表 2-9 实施计划表四

序号	检查内容	序号	检查内容
1		7	
2		8	
3		9	
4		10	
5		11	
6			

【检查与控制】

课堂笔记

每个小组推选出代表，扮演司机角色，完整地进行本项目的实操过程。各个小组的裁判员组成裁判员团队，对司机进行打分，指定记录员对得分进行计算并记录在表 2-10~表 2-12 中。

表 2-10　走行部检查评价记录表

<table>
<tr><th>序号</th><th>考核项目</th><th>考核内容及要求</th><th>配分</th><th>评分标准</th><th>得分</th><th>备注</th></tr>
<tr><td>1</td><td>作业前确认</td><td>作业前的联控、车组号、股道号、车体两侧的异物侵限情况是否检查确认</td><td>20 分</td><td>未确认或者确认错误，本项不得分</td><td></td><td></td></tr>
<tr><td>2</td><td>车体外观（包括受电靴）</td><td>无损坏、变形，客车轨道交通徽标、客车编组号正确，受流器炭滑板磨损未超限、无裂纹</td><td rowspan="11">80 分</td><td rowspan="11">以下情况扣 4 分/项：
1）检查时未手指眼看口呼
2）未按顺序进行检查
3）检查判断错误或手指眼看口呼错误

以下情况扣 4 分/项：
1）手指眼看口呼错误后又纠正的
2）手指眼看口呼停顿、不连贯</td><td></td><td></td></tr>
<tr><td>3</td><td>头灯、尾灯、行车灯、终点站显示屏</td><td>显示齐全，外观无破损</td><td></td><td></td></tr>
<tr><td>4</td><td>车钩及缓冲装置（包括自动车钩、半永久牵引杆）</td><td>无损坏、变形</td><td></td><td></td></tr>
<tr><td>5</td><td>转向架</td><td>无损坏、变形，空气弹簧无破损，无漏风</td><td></td><td></td></tr>
<tr><td>6</td><td>电气设备箱</td><td>外罩齐全，箱盖锁闭良好</td><td></td><td></td></tr>
<tr><td>7</td><td>空气管路系统塞门</td><td>位置正确，无泄漏</td><td></td><td></td></tr>
<tr><td>8</td><td>两车间电缆、插座</td><td>无损坏、变形，锁闭良好</td><td></td><td></td></tr>
<tr><td>9</td><td>空气压缩机</td><td>工作正常，油位在两刻度之间</td><td></td><td></td></tr>
<tr><td>10</td><td>空气压缩机启动装置，制动控制装置</td><td>箱盖锁闭良好，无漏风</td><td></td><td></td></tr>
<tr><td>11</td><td>风缸及干燥器（包括主风缸、制动风缸）</td><td>各塞门位置正确，无漏风</td><td></td><td></td></tr>
<tr><td>12</td><td>车门关闭状态指示灯、制动缓解指示灯</td><td>显示正确、清晰，无破损</td><td></td><td></td></tr>
<tr><td colspan="5">总分 100 分</td><td></td><td></td></tr>
</table>

裁判员：　　　　　　记录员：　　　　　　司机：

表 2-11　司机室检查评价记录表

序号	考核项目	考核内容及要求	配分	评分标准	得分	备注
1	司机控制器	均在“零”位，完整无缺，动作灵活无卡滞现象，警惕按钮作用良好	8 分			
2	无线电（车载电台）	作用良好	4 分			
3	ATC、车辆显示屏	无明显损坏，信息显示清晰、准确	8 分			

（续）

序号	考核项目	考核内容及要求	配分	评分标准	得分	备注
4	仪表、指示灯	外罩完整、无破裂，显示正确	12分	以下情况扣4分/项： 1）检查时未手指眼看口呼 2）未按顺序进行检查 3）检查判断错误或手指眼看口呼错误 以下情况扣4分/项： 1）手指眼看口呼错误后又纠正的 2）手指眼看口呼停顿、不连贯		
5	前窗玻璃	清洁，无损坏，雨刮器完整无缺、状态良好	8分			
6	司机室侧门、中门	锁闭良好，动作灵活，无明显卡滞现象	8分			
7	电器柜	各需要使用的电气设备电源自动开关位置于“闭合位”，旁路开关置于“断开位”，柜门关闭良好	12分			
8	辅助设备	防护设备、行车备品、灭火器齐全，功能良好	12分			
9	照明灯	状态良好	8分			
10	各种按钮开关、转换开关	位置正确，作用良好	12分			
11	雨刮器水箱	水箱内水量充足，无泄漏	8分			
总分100分						

裁判员： 记录员： 司机：

表2-12 客室检查评价记录表

序号	考核项目	考核内容及要求	配分	评分标准	得分	备注
1	客室内观（地板、门窗玻璃等）	清洁、无明显损坏	12分	以下情况扣4分/项： 1）检查时未手指眼看口呼 2）未按顺序进行检查 3）检查判断错误或手指眼看口呼错误 以下情况扣4分/项： 1）手指眼看口呼错误后又纠正的 2）手指眼看口呼停顿、不连贯		
2	照明	照明良好	8分			
3	车门	车顶外罩板锁闭良好，指示灯状态良好，应急解锁手柄位置正确，塑料盖无脱落	12分			
4	车顶通风	通风隔栅良好	8分			
5	座椅	清洁、无损坏，盖板锁闭良好	12分			
6	贯通道侧墙版、顶板、底板	锁闭良好，完整无损坏	12分			
7	乘客紧急报警器	无损坏，状态良好	8分			
8	灭火器	齐全	8分			
9	电气柜	各自动开关位置正确	8分			
10	安全锤	齐全，塑料盖无脱落、损坏	12分			
总分100分						

裁判员： 记录员： 司机：

课堂笔记

课堂笔记

【评价反馈】

1. 自我评价（表 2-13）

表 2-13 自我评价表

我做得好的地方	我还存在这些方面的问题
□ 动作准确	□ 动作不到位
□ 手指眼看口呼规范	□ 手指眼看口呼不规范
□ 作业流程熟悉	□ 作业流程不熟悉
□ 着装符合要求	□ 着装不符合要求
□ 操作用时合理	□ 操作用时过长
□ 工作态度端正	□ 工作态度不够端正

2. 小组评价

我们组做到了：□ 全员参与 □ 分工明确 □ 工作高效 □ 完成了工作任务

3. 教师评价（表 2-14）

表 2-14 教师评价表

评价内容	评价指标	等次（星级评定）
活动态度方面	1）态度是否积极，是否主动组织或参与活动 2）与小组同学合作是否良好 3）活动是否认真、善始善终 4）是否勇于克服困难	☆☆☆☆☆
知识技能方面	1）查阅资料技能 2）实地观察记录能力 3）理论联系实际的应用能力 4）整理材料能力	☆☆☆☆☆

【知识巩固】

一、选择题

1. 整备作业确认要素有（　　）。

A. 确认股道及车号

B. 确认两侧、前方及地沟无人且无障碍物侵限

C. 确认电客车两端有无“禁动牌”和“禁升弓牌”

D. 确认股道隔离开关闭合

2. 车体外观检查标准有（　　）。

A. 车体外观无损坏、无变形　　B. 编组号正确

C. 受流器炭滑板磨损未超限、无裂纹　　D. 车载电台作用良好

3. 司机控制器检查标准有（　　）。

A. 均在“零”位　　B. 完整无缺

C. 动作灵活无卡滞现象　　D. 警惕按钮作用良好

4. 转向架检查标准有（　　）。

A. 损坏　　B. 无变形

C. 空气弹簧无破损、无漏风　　D. 照明灯状态良好

5. 车门检查标准有（　　）。

A. 车顶外罩板锁闭良好　　B. 指示灯状态良好

C. 应急解锁手柄位置正确　　D. 塑料盖无脱落

二、填空题

1. 整备作业是司机到达指定列车股道后，确认股道和__________与__________相符，两侧无____________侵限。

2. 整备作业遵循"先____________、后____________"的原则。

3. 静态检查是指在电客车____________的情况下，司机对电客车____________外部及内部各设备外观进行的检查。

4. 检查电客车走行部时，必须确认电客车已____________。

5. 整备作业开始、完毕均须报告____________。

三、判断题

1. 整备作业前确认车底无作业人员后上车，用车载电台报告厂调开始对列车进行动车出库前的各项检查测试等工作。（　　）

2. 整备作业分为静态检查作业和动态检查作业两个部分。（　　）

3. 发车前，司机须进行静态检查，发现问题时应及时报修，不符合上线标准的电客车严禁上线运行。（　　）

4. 整备作业前须确认车组号、股道号、车体两侧的异物侵限情况。（　　）

5. 各需要使用的电气设备电源自动开关置于"断开位"，旁路开关置于"闭合位"，柜门关闭良好。（　　）

课堂笔记

课堂笔记

任务二 动态检查作业

【任务导入】

2021 年 5 月 22 日 3:50，某市地铁 1 号线司机王××担任早 3 班交路，在太平车辆段完成出勤任务，来到检修库 14 道 A 段，准备对所使用的 0107 车进行出库前的整备作业。作为一名电客车司机，该如何安全、快速地完成整备作业中的动态检查作业任务呢？

【学习目标】

目标名称	目标内容
知识目标	掌握动态检查作业流程★
技能目标	能利用城市轨道交通模拟驾驶设备完成动态检查作业流程◆
	能发现并评价他人在流程执行规程中的违章情况

注：◆ 代表学习难点；★ 代表学习重点。

【知识准备】

一、整备作业

1. 原则

1）整备作业遵循“先静态、后动态”的原则。

2）按照从上到下、从左到右、从里到外进行检查，严格按照整备作业标准整备列车，避免漏检。

2. 作业顺序

1）非出场端司机室静态检查。

2）检查非出场端头部外观及右侧走行部。

3）出场端司机室静态检查。

4）检查出场端头部外观及左侧走行部。

5）非出场端司机室动态检查作业。

6）锁闭非出场端司机室侧门及通道门，对客室进行检查。

7）出场端司机室动态检查作业。

司机出库前整备作业流程如图 2-7 所示。

图 2-7 整备作业流程示意图

二、动态检查作业

动态检查是指在电客车上电的情况下，司机在该电客车两端司机室按作业标准对其出库前规定的例行功能试验逐一进行测试和检查的过程，确保其符合上线运营电客车技术状态要求。本节主要阐述整备作业的动态检查部分，其检查内容及标准见表 2-15（不同地铁公司略有不同）。

表 2-15 动态检查作业标准

序号	检查项目	检查标准
1	激活列车	合主控钥匙，方向手柄向前，主控手柄置于快速制动位，确认紧急制动缓解 
2	多功能广播盒	人工广播试验正常
3	警惕测试按钮	松开警惕测试按钮，按下该按钮确认紧急制动施加
4	灯测试	按压“灯测试”按钮，确认所有指示灯显示正常
5	司机室照明	旋转按钮，确认司机室照明灯亮

课堂笔记

（续）

<table>
<tr><th>序号</th><th>检查项目</th><th>检查标准</th></tr>
<tr><td>6</td><td>DDU 状态确认</td><td>确认车辆显示屏各项内容状态显示均正常，依次包括：空调、辅助逆变器、车厢编号、车门状态、制动状态、牵引状态、压缩机状态、受电弓/高速断路器状态、点击试验客室紧急广播（1 条）、确认空调温度
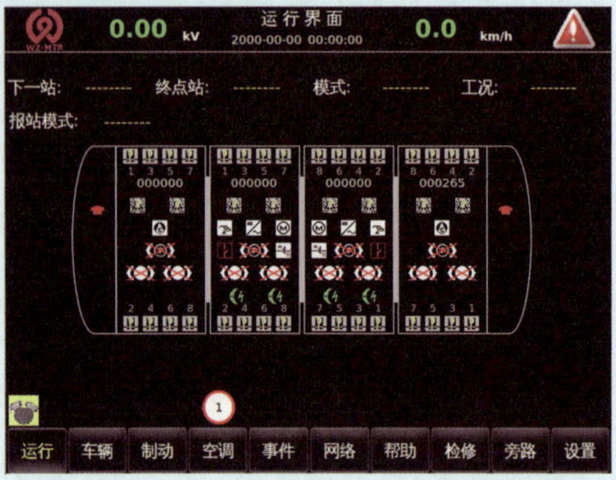
</td></tr>
<tr><td>7</td><td>停放制动施加/缓解按钮指示灯</td><td>确认停放制动“施加”红色指示灯亮，停放制动“缓解”绿色指示灯灭，DDU 显示停放制动施加；按压“停放制动施加、缓解”按钮，停放制动“缓解”绿色指示灯亮，“施加”红色指示灯灭，列车停放制动缓解</td></tr>
<tr><td>8</td><td>前照灯照明调节</td><td>旋转按钮，确认前照灯能远近调节</td></tr>
<tr><td>9</td><td>客室照明旋钮</td><td>旋转至“开”位，客室照明正常打开</td></tr>
<tr><td>10</td><td>门模式选择旋钮</td><td>确认 AM 位置，确认 HMI 上同为 AM</td></tr>
<tr><td>11</td><td>雨刮器泵水</td><td>按下按钮，雨刮器喷水正常</td></tr>
<tr><td>12</td><td>雨刮器控制</td><td>旋转开关，确认雨刮器工作</td></tr>
<tr><td>13</td><td>开门按钮（侧墙）</td><td>DDU 切换到车门界面；按压“允许开门”按钮，按压“左/右开门”按钮，确认车门开启正常，警示声音响起；车门打开后，探头确认车门开启，确认 DDU 所有车门状态显示为“开门”状态图标</td></tr>
<tr><td>14</td><td>关门按钮（侧墙）</td><td>1）按压关门按钮，确认车门关闭警示声音响起，探头确认车门关闭
2）确认 DDU 显示所有车门“门关”图标，相应侧关门指示灯灭，驾驶台上的“门关好”指示灯亮
</td></tr>
</table>

（续）

序号	检查项目	检查标准
15	牵引/制动试验	1）方向手柄置“前”位，主控手柄推向“牵引”区，但不得超过20%，确认列车动车后立即将主控手柄拉回“制动”区（动车前必须打开两侧司机室侧门确认无人、物侵限） 2）主控手柄推向“牵引”区，但不得超过20%，确认列车动车后立即将主控手柄拉回“快速制动”位 3）列车显示屏应无故障显示

【信息收集】

一、我们的学习任务是什么？

____

____

____

____

二、为顺利完成本学习任务，请按要求完成信息的收集。

1）任务实施的场地：______________________________

2）任务实施的着装要求：______________________________

3）任务实施的站点：______________________________

4）任务作业流程：______________________________

____

____

____

____

课堂笔记

【制订计划】

根据任务要求，确定任务完成所用的模拟驾驶设备型号、所在车辆段、设置的故障数量及位置、每个同学完成的整备作业工作量（全部/部分）等，并对小组进行合理分工，制订详细的任务执行计划。

1）在表2-16中填好基础信息。

表2-16 基础信息登记表

类别	描述
模拟驾驶设备型号	
所在车辆段	
故障数量	
故障详情	
每个同学完成的整备作业工作量（全部/部分）	

课堂笔记

2）在表 2-17 中填写小组成员分工。

表 2-17　分工表

序号	组长	记录员	地铁司机	裁判

3）在图 2-8 中填写动态检查作业流程。

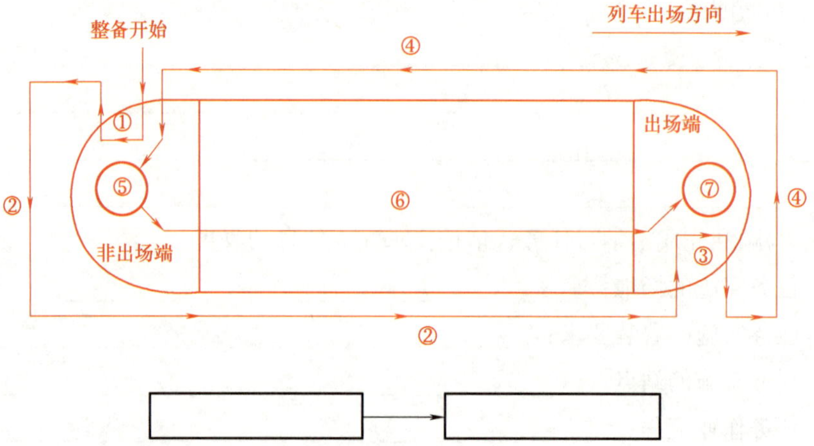

图 2-8　动态检查作业流程

【实施计划】

在教师的引导下，以小组为单位学习相关知识，回答下列问题并组织演练。

动态检查（⑤⑦）。

1）手指眼看口呼要求：

____

2）动态检查的起点：

☐ 非出场端　　☐ 出场端

3）简述动态检查的具体项目，按顺序填写表 2-18。

表 2-18　实施计划表

序号	检查项目	序号	检查项目
1	激活列车	5	
2		6	
3		7	
4		8	

（续）

序号	检查项目	序号	检查项目
9		13	
10		14	
11		15	
12			

【检查与控制】

每个小组推选出代表，扮演司机角色，完整地进行本项目的实操过程。各个小组的裁判员组成裁判员团队，对司机进行打分，指定记录员对得分进行计算并记录在表 2-19 中。

表 2-19　动态检查评价记录表

序号	考核项目	考核内容及要求	配分	评分标准	得分	备注
1	激活列车	合主控钥匙，方向手柄向前，主控手柄置于快速制动位，确认紧急制动缓解	8 分	以下情况扣 4 分/项： 1）检查时未手指眼看口呼 2）未按顺序进行检查 3）检查判断错误或手指眼看口呼错误 以下情况扣 4 分/项： 1）手指眼看口呼错误后又纠正的 2）手指眼看口呼停顿、不连贯		
2	多功能广播盒	人工广播试验正常	4 分			
3	警惕测试按钮	松开警惕测试按钮，按下该按钮确认紧急制动施加	8 分			
4	灯测试	按压“灯测试”按钮，确认所有指示灯显示正常	4 分			
5	司机室照明	旋转按钮，确认司机室照明灯亮	8 分			
6	DDU 状态确认	确认车辆显示屏各项内容状态显示均正常，依次包括：空调、辅助逆变器、车厢编号、车门状态、制动状态、牵引状态、压缩机状态、受电弓/高速断路器状态、点击试验客室紧急广播（1 条）、确认空调温度	8 分			
7	停放制动施加/缓解按钮指示灯	确认停放制动“施加”红色指示灯亮，停放制动“缓解”绿色指示灯灭，DDU 显示停放制动施加；按压“停放制动施加、缓解”按钮，停放制动“缓解”绿色指示灯亮，“施加”红色指示灯灭，列车停放制动缓解	12 分			
8	前照灯照明调节	旋转按钮，确认前照灯照明能远近调节	4 分			
9	客室照明旋钮	旋转至“开”位，客室照明正常打开	4 分			

课堂笔记

课堂笔记

（续）

序号	考核项目	考核内容及要求	配分	评分标准	得分	备注
10	门模式选择旋钮	确认 AM 位置，确认 HMI 上同为 AM	4 分	以下情况扣 4 分/项： 1）检查时未手指眼看口呼 2）未按顺序进行检查 3）检查判断错误或手指眼看口呼错误 以下情况扣 4 分/项： 1）手指眼看口呼错误后又纠正的 2）手指眼看口呼停顿、不连贯		
11	雨刮器泵水	按下按钮，雨刮器喷水正常	4 分			
12	雨刮器控制	旋转开关，确认雨刮器工作	4 分			
13	开门按钮（侧墙）	1）DDU 切换到车门界面 2）按压“允许开门”按钮，按压“左/右开门”按钮，确认车门开启正常，警示声音响起 3）车门打开后，探头确认车门开启，确认 DDU 所有车门状态显示为“开门”状态图标	8 分			
14	关门按钮（侧墙）	1）按压关门按钮，确认车门关闭警示声音响起，探头确认车门关闭 2）确认 DDU 显示所有车门“门关”图标，相应侧关门指示灯灭，驾驶台上的“门关好”指示灯亮	8 分			
15	牵引/制动试验	1）方向手柄置“前”位，主控手柄推向“牵引”区，但不得超过 20%，确认列车动车后立即将主控手柄拉回“制动”区（动车前必须打开两侧司机室侧门确认无人、物侵限） 2）主控手柄推向“牵引”区，但不得超过 20%，确认列车动车后立即将主控手柄拉回“快速制动”位 3）列车显示屏应无故障显示	12 分			
总分 100 分						

【评价反馈】

1. 自我评价（表 2-20）

表 2-20　自我评价表

我做得好的地方	我还存在这些方面的问题
□ 动作准确	□ 动作不到位
□ 手指眼看口呼规范	□ 手指眼看口呼不规范
□ 作业流程熟悉	□ 作业流程不熟悉
□ 着装符合要求	□ 着装不符合要求
□ 操作用时合理	□ 操作用时过长
□ 工作态度端正	□ 工作态度不够端正

2. 小组评价

我们组做到了：☐ 全员参与 ☐ 分工明确 ☐ 工作高效 ☐ 完成了工作任务

3. 教师评价（表 2-21）

表 2-21 教师评价表

评价内容	评价指标	等次（星级评定）
活动态度方面	1）态度是否积极，是否主动组织或参与活动 2）与小组同学合作是否良好 3）活动是否认真、善始善终 4）是否勇于克服困难	☆☆☆☆☆
知识技能方面	1）查阅资料技能 2）实地观察记录能力 3）理论联系实际的应用能力 4）整理材料能力	☆☆☆☆☆

【知识巩固】

一、选择题

1. 司机室动态检查中，进行客室门试验时，如果将司机室继电器柜内“强行开门”开关置于合位，则开门按钮（ ）。

A. 绿灯亮　B. 红灯亮　C. 灯不亮　D. 黄灯亮

2. 列车激活作业流程有（ ）。

A. 合主控钥匙　B. 方向手柄向前

C. 主控手柄置于快速制动位　D. 确认紧急制动缓解

3. 牵引/制动试验时，主控手柄推向“牵引”区，但不得超过（ ），确认列车动车后立即将主控手柄拉回“快速制动”位。

A. 5%　B. 10%　C. 20%　D. 30%

二、填空题

1. 动态检查是指在电客车__________的情况下，司机在该电客车两端司机室按作业标准对其出库前规定的例行__________逐一进行__________和__________的过程。

2. 确认车辆显示屏各项内容状态显示均正常，依次包括________、________、__________、__________状态、__________状态、__________状态、__________状态、__________状态、点击试验客室紧急广播（1 条）、确认空调温度。

3. 按压“__________”按钮，确认所有指示灯显示正常。

三、简答题

1. 列车动态试验有关安全规定有哪些？

课堂笔记

2. 列车动态试验程序及要求是什么?

课堂笔记

3. 列车动态试验过程中发现哪些故障时，严禁出库?

延伸阅读

如今，地铁已经成为市民出行必不可少的交通工具了，可是很少有人知道，地铁早班司机 2:30 就要起床上岗，为的就是能让市民早上 6 点坐上安全舒适的早班地铁。地铁司机马存博，2:30 起床上早班，行车前对即将上线的车辆进行全面检查，项点达百余项。3:40，马存博到达地铁车库 14 号股道，对 0125 号列车进行整备检查。他身穿反光背心、拿着手电，通过对讲机报告信号楼。整备作业要求“静检+动检”结合，为确保安全，马存博首先绕车辆一周，查看外观和四周各部件完好后，来到驾驶室，将列车上电，对车辆功能进行进一步检查。

马存博告诉记者，动态检查主要对客室照明、车门的开关、广播、空调、监控系统、车载台等设备功能逐一检查，同时对列车进行牵引及制动试验，防止列车带“病”上线。

“信号楼，洞幺两五（0125）号车，整备作业完毕，现在时间是 4:19:20……”所有检查完毕，获得信号楼批准后，4:20，马存博驾驶着列车缓缓驶出车辆基地。

学而思

以“道路千万条，安全第一条”为题，谈一谈你的观点和看法。

项目三 出、入车辆段（场）作业

03

城市轨道交通车辆基地（车辆段和停车场）是地铁车辆停放、管理、运用、检修以及运营列车事故后出车救援的场所。地铁列车在正线的运营以车辆基地列车行车计划编制为前提，车场调度员根据列车行车计划组织列车出、入库。列车司机按规定出勤（出乘）后，进行相关的作业，在确认列车情况良好、已经具备运行条件后，应立即做好出场准备，投入运营。列车入场运行一般指该列车已经完成运营任务，按运行图的规定退出正线运行，或者该列车因有故障经行车调度员准许退出运行进行维修；或者因其他原因而退出运行、行驶回场的过程。本项目的学习任务分为：

任务一　出车辆段作业

任务二　入车辆段作业

课堂笔记

任务一 出车辆段作业

【任务导入】

地铁司机李××整备完毕后，未发现列车异常，在出库端司机室接到信号楼可以驾驶列车出库的通知。作为一名地铁司机，该如何安全、快速地完成本作业任务呢？

【学习目标】

目标名称	目标内容
知识目标	掌握出车辆段作业流程★
技能目标	能利用校内城市轨道交通模拟驾驶设备完成出车辆段作业◆
	能发现并评价其他同学在流程执行规程中的违章情况

注：◆ 代表学习难点；★ 代表学习重点。

【知识准备】

一、相关知识

1. 车辆段线路

正线及其辅助线与车辆段的分界点为 JD1、JD2 信号机中心线。车辆段内线路按作业目的和用途分为运用线和维修线。运用线包括走行线、停车列检线、洗车线、试车线、牵出线、工程车运用线等。维修线包括月检线、静调线、定修线、临修线、厂架修线、不落轮镟修线、吹扫线、工程车维修线等。某车辆段平面图如图 3-1 所示。

车辆段内除试车线采用 60kg/m 钢轨，其余均采用 50kg/m 钢轨，轨距为 1435mm。车辆段、停车场采用 50kg/m 钢轨的 7 号道岔（试车线接轨的道岔为 60kg/m 的 9 号道岔）。

2. 车辆段主要任务

1）负担机电、通信、信号、线路、隧道、桥涵、房屋等运营设备设施的维修、保养任务。

2）负担材料、工具、器具及器材的管理、供应任务。

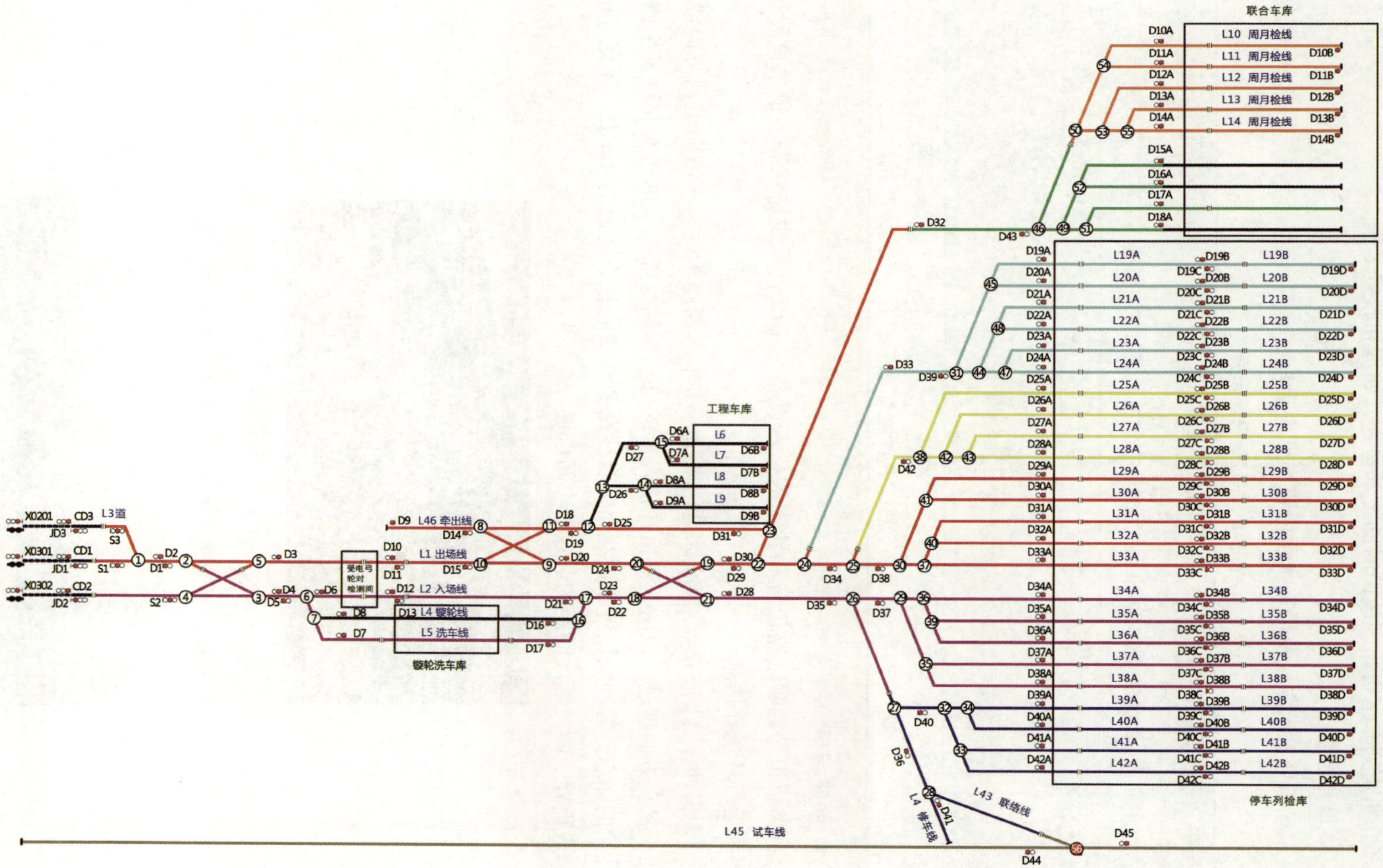

图 3-1 某车辆段平面图

课堂笔记

课堂笔记

3）负担客车的停放、日常检查、清洗、维修、临修、镟轮和定修任务及工程机车车辆的停放、检修等。

4）提供运用列车投入服务，确保运行图的实现。

5）负责列车运行出现故障时的技术检查、处理和救援工作。

3. 信号显示

车场信号显示方式及行车指示内容详见表 3-1。

表 3-1　车场信号显示方式

序号	类别	信号灯显示	行车指示内容
1	车场调度员信号	蓝灯（或者红灯）	禁止越过
2		月白灯	允许调车
3	出场（段）信号	黄灯	允许出场
4		红灯	禁止越过
5		月白灯	允许调车
6	入场信号	双黄灯	允许入场
7		红灯	禁止越过
8		红色灯光+白色灯光	允许入场，引导已建立

4. 线路标识

线路标识是表明线路位置和状态的指示设备，用以表示线路状态、道岔位置、站界和运行环境等信息。

1）警冲标（图 3-2）。警冲标是用来指示机车车辆停车时，不准向道岔方向或线路交叉点方向越过，以防止停留在该线上的机车车辆与邻线上的机车车辆发生侧面冲撞的标志。警冲线设置于两线路汇合线路中心线间垂直距离为 4m 处，不足 4m 时，应设置于两线最大间距的起点处中间位置。

图 3-2　车场警冲标

2）平交道（图 3-3）。平交道是指公路与铁路平面相交的地方。

图 3-3　车场平交道

3）一度停车标（图 3-4）。一度停车标设置于转换轨、车场库门前，提示司机在此标识前停车，确认好相关行车凭证后，可以继续动车。

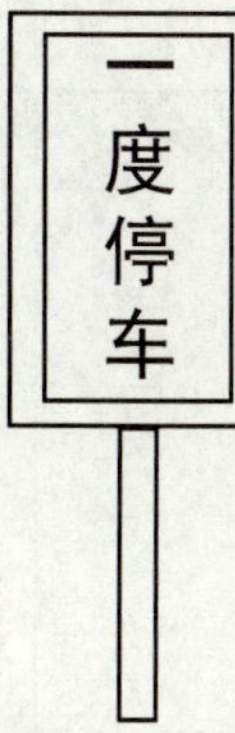

图 3-4 一度停车标

5. 正司机坐姿标准

1）正线驾驶时必须挺胸抬头，右手握住牵引手柄，不做呼唤应答时左手食指放于电笛按钮上。

2）双脚平放，不得将双腿、双脚交叉，不得抖动双腿。

6. 副司机坐姿标准

1）司机室立岗时，必须位于乘务员左侧，姿势端正，双手自然下垂，不得将手放于裤兜或交叉在胸前。

2）身体不得依靠车内任何部位，不许东张西望，在电客车运行不稳时可用右手扶住司机台扶手。为了保持身体的平衡性，副司机可将左脚向左前跨立一小步，以保持身体平衡。

7. 车辆运行过程中呼唤应答

1）口中呼唤确认内容，声音洪亮、吐字清晰、呼唤速度要慢，两种呼唤在一起时，要停顿半秒，每一步都要做到位。手指呼唤要求正司机和副司机动作一致。

2）有副司机时，一般情况下正司机先呼唤，副司机后复诵；只有在确认司机室门是否锁好时，由副司机先呼，正司机复诵。

二、列车出车辆段

课堂笔记

1. 出车辆段作业流程

1）司机出勤后，到规定地点整备完毕后，联系信号楼值班员，并于列车发车端等待信号开放。

2）司机收到信号楼值班员的动车指令后，凭开放的调车信号动车，沿途确认进路上的每一架信号机及道岔位置正确，确认 CD1 与 CD2 信号机显示的黄色灯光运行至转换轨一度停车牌前停车。

3）到达转换轨停稳后，将手持台调至正线组，确认车载台频道正确，联系行车调度员，按行车调度员指示投入载客服务，严禁在列车运行过程中转换频道。

2. 出车辆段作业标准

电客车出车辆段作业包括出库动车前、库门前一度停车、车场内运行、转换轨停车标前一度停车、出场，详见表 3-2。

三、出车辆段作业的注意事项

1）接到信号楼值班员的发车指令后，确认地面信号开放并复诵信号楼值班员的指令，确认具备动车条件后以 RM 模式鸣笛动车。

2）运行至平交道口/库门前一度停车，确认库门开启至标记线以上，平交道口无人、无异物，确认安全后鸣笛动车。

3）库内运行限速 5km/h，全列车出库后限速 25km/h（列车尾部出清平交道口后才可提速）。

课堂笔记

表 3-2　出车辆段作业

作业项目	作业流程	备注
出库动车前	1）列车在股道整备作业完毕，开前照灯，确认方向手柄在向前位 司机联控信号楼值班员："信号楼，××车××道×段整备作业完毕" 信号楼值班员回复司机："××车×道×段整备作业完毕，明白" 待出库信号开放后，信号楼值班员："××车，××道××段至转换轨Ⅰ/Ⅱ道出场信号好，确认地面信号动车" 司机："××车，××道至××段转换轨Ⅰ/Ⅱ道出场信号好，确认地面信号动车，××车司机收到，完毕" 2）司机站立确认出库信号机显示黄灯，手指口呼"黄灯"；确认库门开启，手指口呼"库门开启到位"；确认平交道口两侧无人、无异物，手指口呼"平交道口两侧无人无异物"，确认安全后，鸣笛动车 	
库门前一度停车	限速 5km/h 运行至库门前，手指口呼"一度停车"；列车停稳，确认道口两侧无人、无异物，手指口呼"平交道口两侧无人无异物"；确认信号机显示黄灯，手指口呼"黄灯"；确认安全后，鸣笛动车限速 5km/h 出库	
车场内运行	沿途确认信号机开放及道岔位置正确，手指口呼"黄灯、道岔好"；列车出清运用库后列车限速 25km/h，确认 CD1（或 CD2）信号机显示黄灯，手指口呼"黄灯"	
转换轨停车标前一度停车	运行至转换轨停车标前一度停车，手指口呼"一度停车"；待列车停稳后，将 800MHz 转到正线组。用车载台报行车调度员，司机："行车调度员，××次××车已在转换轨Ⅰ/Ⅱ道停稳，列车当前驾驶模 ATP-CBTC，预选模式为 AM-CBTC" 行车调度员："××次××车已在转换轨Ⅰ/Ⅱ道停稳，列车当前驾驶模式为 ATP-CBTC，预选模式为 AM-CBTC，行车调度员收到"	
出场	待行车调度员回复后复诵行车调度员命令，确认信号机灭灯，信号屏推荐速度，手指口呼信号机及信号屏"CBTC 灭灯，推荐速度××"；确认安全后，以 ATP-CBTC 模式驾驶列车运行，沿途注意限速；确认信号机显示灭灯，手指口呼"灭灯"；道岔位置正确，手指口呼"道岔好"；运行至×××站下行站台，进行站台作业	

4）场内行车时，严格确认地面信号，道岔位置是否正确，遇到异常立即停车报车场调度员。

5）列车在转换轨一度停车，用车载台联系行车调度员，确认通话正常，并核实车次、驾驶模式、运行目的地等行车有关注意事项；得到行车调度员动车指令后，确认地面信号及车载信号符合动车条件后才可动车。

【信息收集】

一、我们的学习任务是什么？

____

____

____

二、为顺利完成本学习任务，请按要求完成信息的收集。

1）任务实施的场地：______________________________

2）任务实施的着装要求：______________________________

3）任务实施的站点：______________________________

4）出场的作业流程：______________________________

5）列车在车场内采用的驾驶模式：______________________________

【制订计划】

根据任务要求，确定任务完成所用的模拟驾驶设备型号、驾驶模式、作业标准，并对小组进行合理分工，制订详细的任务执行计划。

1）在表3-3中填好基础信息。

表 3-3 基础信息登记表

类别	描述
模拟驾驶设备型号	
所使用的线路	
驾驶模式	
根据上述信息选择对应的实训作业流程	

2）在表3-4中填写小组成员分工。

表 3-4 分工表

序号	组长	记录员	地铁司机	裁判

课堂笔记

课堂笔记

3）出车辆段作业流程五大步骤是什么？

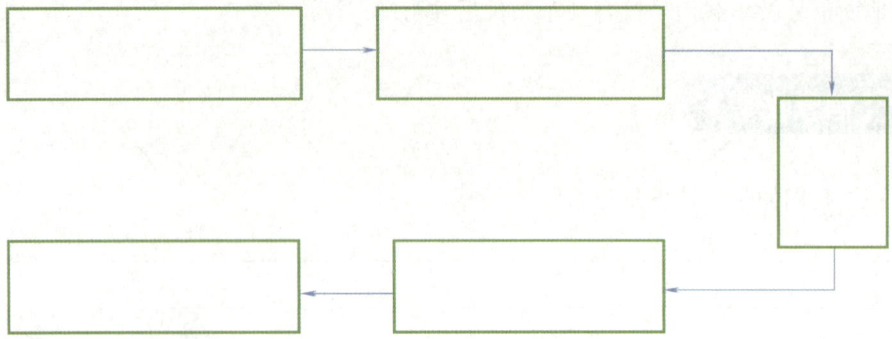

【实施计划】

在教师的引导下，以小组为单位学习相关知识，回答下列问题并组织演练。

步骤 1：出库动车前

1）司机与信号楼值班员联控内容有哪些？

____

____

____

2）出库动车前确认内容。

司机站立确认出库信号机显示黄灯，手指口呼“____________”，确认库门开启，手指口呼“____________”，确认平交道口两侧无人、无异物，手指口呼“____________”，确认安全后鸣笛动车。

3）小组成员（司机）进行本步骤的示范展示，裁判员进行内部点评，其他组员进行协助。

表 3-5 实施计划表一

检查内容	检查记录
整备作业完成后，司机联控信号楼值班员	
待出库信号开放后，司机联控信号楼值班员	
出库信号机显示黄灯，司机站立确认，确认内容，确认安全后鸣笛动车	

步骤 2：库前一度停车

1）库前一度停车的标准是什么？

____

2）小组成员（司机）进行本步骤的示范展示，裁判员进行内部点评，其他组员进行协助。

表 3-6 实施计划表二

检查内容	检查记录
限速 5km/h 运行至库门前，手指口呼“一度停车”	
确认内容，确认安全后鸣笛动车，限速 5km/h 出库	

步骤 3：车场运行至转换轨停车标一度停车

1）车场运行的操作内容有哪些？

____

____

2）司机与行车调度员的联控内容有哪些？

____

____

3）小组成员（司机）进行本步骤的示范展示，裁判员进行内部点评，其他组员进行协助。

表 3-7 实施计划表三

检查内容	检查记录
沿途确认信号机开放及道岔位置正确	
运行至转换轨停车标前一度停车	
待列车停稳后操作内容	
用车载台报行车调度员，司机与行车调度员之间的联控	

步骤 4：出场

1）驾驶模式有哪几种？

____

____

2）操作及对应的口呼用语分别是什么？

____

____

3）小组成员（司机）进行本步骤的示范展示，裁判员进行内部点评，其他组员进行协助。

表 3-8 实施计划表四

检查内容	检查记录
待行车调度员回复后复诵行车调度员命令，确认信号机灭灯，信号屏推荐速度，手指口呼信号机及信号屏“CBTC 灭灯，推荐速度××”	
确认安全后，以 ATP-CBTC 模式驾驶列车运行，沿途注意限速，确认内容	

课堂笔记

【检查与控制】

每个小组推选出代表，扮演司机角色，完整地进行本项目的实操过程。各个小组的裁判员组成裁判员团队，对司机进行打分，指定记录员对得分进行计算并记录到表 3-9 中。

课堂笔记

表 3-9　评价记录表

<table>
<tr><th>序号</th><th>项目</th><th>考核内容及要求</th><th>考核标准</th><th>得分</th><th>备注</th></tr>
<tr><td>1</td><td rowspan="5">出库前动车</td><td>司机联控信号楼值班员：“信号楼，××车××道×段整备作业完毕”</td><td rowspan="15">正常操作步骤 19 项，每项配分 4 分，手指口呼坐姿 24 分
按顺序操作且结果正确不扣分
遗漏操作或者操作错误，扣分值 2 分
确认时，未进行手指眼看口呼的，每次扣 1 分
联控时，未进行复诵的，每次扣 1 分</td><td></td><td></td></tr>
<tr><td>2</td><td>信号楼值班员回复司机：“××车×道×段整备作业完毕，明白”</td><td></td><td></td></tr>
<tr><td>3</td><td>待出库信号开放后，信号楼值班员：“××车，××道××段至转换轨Ⅰ/Ⅱ道出场信号好，确认地面信号动车”</td><td></td><td></td></tr>
<tr><td>4</td><td>司机：“××车，××道至××段转换轨Ⅰ/Ⅱ道出场信号好，确认地面信号动车，××车司机收到，完毕”</td><td></td><td></td></tr>
<tr><td>5</td><td>司机站立确认出库信号机显示黄灯，手指口呼“黄灯”；确认库门开启，手指口呼“库门开启到位”；确认平交道口两侧无人、无异物，手指口呼“平交道口两侧无人、无异物”，确认安全后鸣笛动车</td><td></td><td></td></tr>
<tr><td>6</td><td rowspan="4">库前一度停车</td><td>限速 5km/h 运行至库门前，手指口呼“一度停车”</td><td></td><td></td></tr>
<tr><td>7</td><td>列车停稳，确认道口两侧无人、无异物，手指口呼“平交道口两侧无人无异物”</td><td></td><td></td></tr>
<tr><td>8</td><td>确认信号机显示黄灯，手指口呼“黄灯”</td><td></td><td></td></tr>
<tr><td>9</td><td>确认安全后，鸣笛动车限速 5km/h 出库</td><td></td><td></td></tr>
<tr><td>10</td><td rowspan="2">车场内运行</td><td>沿途确认信号机开放及道岔位置正确，手指口呼“黄灯、道岔好”</td><td></td><td></td></tr>
<tr><td>11</td><td>列车出清运用库后列车限速 25km/h，确认 CD1（或 CD2）信号机显示黄灯，手指口呼“黄灯”</td><td></td><td></td></tr>
<tr><td>12</td><td rowspan="4">转换轨停车标前一度停车</td><td>运行至转换轨停车标前一度停车，手指口呼“一度停车”</td><td></td><td></td></tr>
<tr><td>13</td><td>待列车停稳后，将 800MHz 转到正线组</td><td></td><td></td></tr>
<tr><td>14</td><td>用车载台报行车调度员，司机：“行车调度员，××次××车已在转换轨Ⅰ/Ⅱ道停稳，列车当前驾驶 ATP-CBTC，预选模式为 AM-CBTC”</td><td></td><td></td></tr>
<tr><td>15</td><td>行车调度员：“××次××车已在转换轨Ⅰ/Ⅱ道停稳，列车当前驾驶模式为 ATP-CBTC，预选模式为 AM-CBTC，收到”</td><td></td><td></td></tr>
</table>

（续）

序号	项目	考核内容及要求	考核标准	得分	备注
16	出场	待行车调度员回复后复诵行车调度员命令，确认信号机灭灯，信号屏推荐速度，手指口呼信号机及信号屏“CBTC 灭灯，推荐速度××”	正常操作步骤 19 项，每项配分 4 分，手指口呼坐姿 24 分 按顺序操作且结果正确不扣分 遗漏操作或者操作错误，扣分值 2 分 确认时，未进行手指眼看口呼的，每次扣 1 分 联控时，未进行复诵的，每次扣 1 分		
17		确认安全后以 ATP-CBTC 模式驾驶列车运行，沿途注意限速			
18		确认信号机显示灭灯，手指口呼“灭灯”			
19		道岔位置正确，手指口呼“道岔好”；运行至×××站下行站台，进行站台作业			
总分 100 分					

【评价反馈】

1. 自我评价（表 3-10）

表 3-10 自我评价表

我做得好的地方	我还存在这些方面的问题
□ 动作准确	□ 动作不到位
□ 手指眼看口呼规范	□ 手指眼看口呼不规范
□ 作业流程熟悉	□ 作业流程不熟悉
□ 着装符合要求	□ 着装不符合要求
□ 操作用时合理	□ 操作用时过长
□ 工作态度端正	□ 工作态度不够端正

2. 小组评价

我们组做到了：□ 全员参与 □ 分工明确 □ 工作高效 □ 完成了工作任务

3. 教师评价（表 3-11）

表 3-11 教师评价表

评价内容	评价指标	等次（星级评定）
活动态度方面	1）态度是否积极，是否主动组织或参与活动 2）与小组同学合作是否良好 3）活动是否认真、善始善终 4）是否勇于克服困难	☆☆☆☆☆
知识技能方面	1）查阅资料技能 2）实地观察记录能力 3）理论联系实际的应用能力 4）整理材料能力	☆☆☆☆☆

课堂笔记

【知识巩固】

课堂笔记

一、选择题

1. 停车库内作业应以（　　）为优先，其他作业不能影响列车出、入停车库。

A. 调车作业　　B. 检修作业　　C. 接发列车　　D. 洗车作业

2. 段内（基地内）调车作业时，司机要认真确认前方（　　）并做好手指口呼。

A. 车载信号　　B. 地面信号　　C. 车辆状态　　D. 运行计划

3. 车场调车信号显示（　　）表示允许调车。

A. 月白灯　　B. 双黄灯　　C. 黄灯　　D. 红灯

4. 下列不属于运用线的是（　　）。

A. 走行线　　B. 吹扫线　　C. 停车列检线　　D. 试车线

5. 车场内驾驶模式为（　　）。

A. RM 模式　　B. URM 模式　　C. ATO 模式

二、填空题

1. 车场内线路按作业目的和用途分为____________和____________。

2. 车场和出、入段线的分界____________。

3. 车场内除试车线外，其余线路采用____________ kg/m 钢轨。

4. 库内限速____________ km/h，车场内限速____________ km/h。

5. 警冲标是用来____________________________________的标志。

三、问答题

1. 简述司机坐姿标准。

2. 简述出车辆段作业的注意事项。

任务二 入车辆段作业

【任务导入】

“手柄轻四两，责任重千金”。运营了一天的地铁列车将归家心切、疲惫不堪的人们送到目的地以后，退出运营服务，得到行车调度员指令以后，就可以“回家”了。作为一名地铁司机，该如何将列车安全驾驶回车场，结束自己一天的工作任务？

【学习目标】

目标名称	目标内容
知识目标	掌握入车场的流程★
技能目标	能利用校内城市轨道交通模拟驾驶设备完成入车辆段作业◆
	能发现并评价其他同学在流程执行规程中的违章情况

注：◆ 代表学习难点；★ 代表学习重点。

课堂笔记

【知识准备】

一、相关知识

1. 入车辆段作业流程

1）列车停稳后，需确认为回场列车，确认车站人员清客“好了”信号（图 3-5）后关闭好车门，司机打开通道门再次确认客室无人，才可确认信号回场。

图 3-5 车站人员清客“好了”信号

2）回场列车在转换轨停稳后，转换频道至车场组，使用 800MHz 联系信调，确认停放股道并在状态卡上记录。

3）列车司机收到信号楼值班员的动车指令后，凭 JD1 或 JD2 显示的黄色灯光动车；越过 JD1 或 JD2 后，凭调车信号机开放的白色灯光回库。

4）列车进场停稳后，司机在 TC2 端分高速断路器，关主控钥匙，抄写入库公里数，再到 TC1 端激活主控，施加停放制动，确认停放制动已施加，关主控并抄写入库公里数。

课堂笔记

2. 入车辆段作业标准

电客车入车辆段作业包括出站运行至入场信号机前一度停车、与信号楼值班员联控、车场内运行、库前平交道口一度停车、库前一度停车、列车停稳、收车，详见表 3-3。

表 3-12　入车辆段作业流程

作业项目	作业流程	备注
出站运行至入场信号机前一度停车	1）司机按照时刻表发车回场 2）运行至入场信号机前，按压 RM 按钮，转换 RM 模式在一度停车标前停稳，并手指口呼“一度停车”，将 800MHz 转到车辆段组  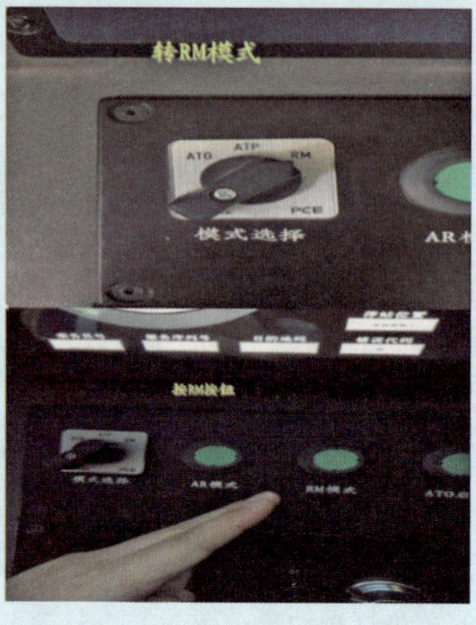	

（续）

作业项目	作业流程	备注
与信号楼值班员联控	用手持台联系信号楼值班员 司机："信号楼值班员，××车已在转换轨Ⅰ/Ⅱ道停稳，请求回场进路" 信号楼值班员："××车已在转换轨Ⅰ/Ⅱ道停稳，收到" 信号楼值班员："××车转换轨Ⅰ/Ⅱ道至××道××段入场信号好，司机确认地面信号动车" 司机："××车转换轨Ⅰ/Ⅱ道至××道××段入场信号好，司机确认地面信号动车，××车司机收到" 	
车场内运行	确认入场信号机显示黄灯，手指口呼"黄灯"；场内运行限速 25km/h 运行，沿途确认道岔位置正确，手指口呼"道岔好"  	

课堂笔记

课堂笔记

（续）

作业项目	作业流程	备注
库前平交道口一度停车	运行至平交道口前停车，并手指口呼“一度停车”；列车停稳，确认××道××段接触网送电，手指口呼“××道××段接触网送电”；确认库门开启到位，手指口呼“库门好”；确认道口两侧无人、无异物，手指口呼“平交道口两侧无人、无异物”；确认安全后鸣笛动车，平交道口限速5km/h 	
列车停稳	入库限速5km/h运行，运行至股道中间，确认信号机显示红灯，手指登车梯口呼“对标停车”，对标登乘梯停车	
收车	列车停稳后报信号楼值班员，用车载台联系信号楼值班员。司机：“信号楼，××车已在××道××段停稳”。信号楼值班员：“××车已在××道××段停稳，收到”。信号楼值班员回复后复诵并收车。关钥匙，断HSCB分按钮，关列车休眠旋钮，收齐两端时刻表、车辆状态记录卡和主控钥匙，锁闭两侧司机室后下车 	

二、入车辆段作业的注意事项

1）正常情况下列车回场时，确认目的地码为回场车，按“运营时刻表”发车时间点动车；采用 ATO 运行时，沿途注意确认跳停图标；进站发现异常时，及时采取停车措施。

2）特殊情况下列车回场时，司机在清客站广播清客，确认站台岗“好了”信号后，关安全门、客室门，按行车调度员命令动车回场。

3）确认信号开放、推荐速度，驾驶列车运行至转换轨，待信号屏上方 RM 模式按钮亮后及时按压该按钮（车速低于 25km/h 时按压），列车降级 RM 模式回场。在入场信号机前一度停车标前停车，确认 800MHz 手持台频道后，使用 800MHz 手持台联系信号楼值班员。

4）接到信号楼值班员回场指令后，确认信号开放并复诵信号楼值班员指令，动车回库。

5）库内列车从 A 段运行至 B 段时，司机必须一度停车，确认无人、无异物侵入限界及地面调车信号开放后动车，避免场内冒进信号。

【信息收集】

一、我们的学习任务是什么？

____

____

二、为顺利完成本学习任务，请按要求完成信息的收集。

1）任务实施的场地：______________

2）任务实施的着装要求：______________

3）任务实施的站点：______________

4）入车辆段的作业流程：______________

5）列车在车辆段运行内采用的驾驶模式：______________

课堂笔记

【制订计划】

根据任务要求，确定任务完成所用的模拟驾驶设备型号、驾驶模式、作业标准，并对小组进行合理分工，制订详细的任务执行计划。

1）在表 3-13 中填好基础信息。

表 3-13　基础信息登记表

类别	描述
模拟驾驶设备型号	
所使用的线路	
驾驶模式	
根据上述信息选择对应的实训作业流程	

2）在表 3-14 中填写小组成员分工。

课堂笔记

表 3-14　分工表

序号	组长	记录员	地铁司机	裁判

3）入车辆段作业流程七大步骤是什么？

【实施计划】

在教师的引导下，以小组为单位学习相关知识，回答下列问题并组织演练。

步骤 1：出站运行至入场信号机前一度停车。

1）一度停车的标准是什么？

2）操作及对应的口呼用语分别是什么？

3）小组成员（司机）进行本步骤的示范展示，裁判员进行内部点评，其他组员进行协助。

表 3-15　实施计划表一

检查内容	检查记录
司机按照时刻表发车回场	
运行至入场信号机前，按压 RM 按钮，转换驾驶模式，在一度停车标前停稳，口呼内容	
将 800MHz 转到车辆段组	

步骤 2：与信号楼值班员联控，车场内运行。

1）车辆车场内运行的操作有哪些？

2）司机与信号楼联控内容是什么？

3）小组成员（司机）进行本步骤的示范展示，裁判员进行内部点评，其他组员进行协助。

表 3-16 实施计划表二

检查内容	检查记录
用手持台联系信号楼值班员 司机："信号楼，××车已在转换轨Ⅰ/Ⅱ道停稳，请求回场进路"	
信号楼值班员："××车已在转换轨Ⅰ/Ⅱ道停稳，收到"	
信号楼值班员："××车转换轨Ⅰ/Ⅱ道至××道××段入场信号好，司机确认地面信号动车"	
司机："××车转换轨Ⅰ/Ⅱ道至××道××段入场信号好"	
司机："确认地面信号动车，××车司机收到"	
确认入场信号机显示双黄灯，手指口呼，注意驾驶速度	

步骤 3：一度停车

1）在哪种情况下需要一度停车？

____

____

____

2）一度停车后，需要确认的内容有哪些？

____

____

____

3）小组成员（司机）进行本步骤的示范展示，裁判员进行内部点评，其他组员进行协助。

表 3-17 实施计划表三

检查内容	检查记录
运行至平交道口前停车，手指口呼"一度停车"	
列车停稳，确认××道××段接触网送电	
确认库门开启到位	
确认道口两侧无人、无异物	
确认安全后鸣笛动车，平交道口限速 5km/h	
运行至库前一度停车，并手指口呼"一度停车"	
确认××道××段接触网送电	
确认列车两侧无人、无异物	

步骤 4：列车停稳收车

1）入库对标停车，司机与车载台联控内容是什么？

____

____

课堂笔记

课堂笔记

2）收车流程有哪些步骤？

____

____

____

3）小组成员（司机）进行本步骤的示范展示，裁判员进行内部点评，其他组员进行协助。

表 3-18　实施计划表四

检查内容	检查记录
入库限速，运行至股道中间，确认信号机显示红灯，手指登车梯口呼“对标停车”，对登乘梯停车	
列车停稳报信号楼值班员，用车载台联系信号楼值班员	
关闭列车的操作	

【检查与控制】

每个小组推选出两个代表，扮演司机和信号楼值班员角色，完整地进行本项目的实操过程。各个小组的裁判员组成裁判员团队，对司机进行打分，指定记录员对得分进行计算并记录到表 3-19 中。

表 3-19　评价记录表

<table>
<tr><th>序号</th><th>考核项目</th><th>考核内容及要求</th><th>考核标准</th><th>得分</th><th>备注</th></tr>
<tr><td>1</td><td rowspan="3">出站运行至入场信号机前一度停车</td><td>司机按照时刻表发车回场</td><td rowspan="8">正常操作步骤 20 项，每项配分 4 分，手指口呼坐姿 20 分
按顺序操作且结果正确，不扣分
遗漏操作或者操作错误，扣 2 分
确认时，未进行手指眼看口呼的，每次扣 1 分
联控时，未进行复诵的，每次扣 1 分</td><td></td><td></td></tr>
<tr><td>2</td><td>运行至入场信号机前，按压 RM 按钮，转换 RM 模式在一度停车标前停稳，并手指口呼“一度停车”</td><td></td><td></td></tr>
<tr><td>3</td><td>将 800MHz 转到车辆段组</td><td></td><td></td></tr>
<tr><td>4</td><td rowspan="5">与信号楼值班员联控</td><td>用手持台联系信号楼值班员
司机：“信号楼，××车已在转换轨Ⅰ/Ⅱ道停稳，请求回场进路”</td><td></td><td></td></tr>
<tr><td>5</td><td>信号楼值班员：“××车已在转换轨Ⅰ/Ⅱ道停稳，收到”</td><td></td><td></td></tr>
<tr><td>6</td><td>信号楼值班员：“××车转换轨Ⅰ/Ⅱ道至××道××段入场信号好，司机确认地面信号动车”</td><td></td><td></td></tr>
<tr><td>7</td><td>司机：“××车转换轨Ⅰ/Ⅱ道至××道××段入场信号好”</td><td></td><td></td></tr>
<tr><td>8</td><td>司机：“确认地面信号动车，××车司机收到”</td><td></td><td></td></tr>
</table>

（续）

序号	考核项目	考核内容及要求	考核标准	得分	备注
9	车场内运行	确认入场信号机显示双黄灯，手指口呼“黄灯”；场内运行限速25km/h运行，沿途确认道岔位置正确，手指口呼“道岔好”	正常操作步骤20项，每项配分4分，手指口呼坐姿20分 按顺序操作且结果正确，不扣分 遗漏操作或者操作错误，扣2分 确认时，未进行手指眼看口呼的，每次扣1分 联控时，未进行复诵的，每次扣1分		
10	库前平交道口一度停车	运行至平交道口前停车，并手指口呼“一度停车”			
11		列车停稳，确认××道××段接触网送电，手指口呼“××道××段接触网送电”			
12		确认库门开启到位，手指口呼“库门好”			
13		确认道口两侧无人、无异物，手指口呼“平交道口两侧无人、无异物”			
14		确认安全后鸣笛动车，平交道口限速5km/h			
15	库前一度停车	运行至库前一度停车，并手指口呼“一度停车”			
16		确认××道××段接触网送电，手指口呼“××道××段接触网送电”			
17		确认列车两侧无人、无异物，手指口呼“平交道口两侧无人、无异物”，确认安全后鸣笛动车			
18	列车停稳	入库限速5km/h运行，运行至股道中间，确认信号机显示红灯，手指登车梯口呼“对标停车”，对标登乘梯停车			
19	收车	列车停稳报信号楼值班员，用车载台联系信号楼值班员 司机：“信号楼，××车已在××道××段停稳” 信号楼值班员：“××车已在××道××段停稳，收到”，信号楼回复后复诵并收车			
20		关钥匙，断HSCB分按钮，关列车休眠旋钮，收齐两端时刻表、车辆状态记录卡和主控钥匙，锁闭两侧司机室后下车			
总分100分					

课堂笔记

【评价反馈】

课堂笔记

1. 自我评价（表 3-20）

表 3-20　自我评价表

我做得好的地方	我还存在这些方面的问题
□ 动作准确	□ 动作不到位
□ 手指眼看口呼规范	□ 手指眼看口呼不规范
□ 作业流程熟悉	□ 作业流程不熟悉
□ 着装符合要求	□ 着装不符合要求
□ 操作用时合理	□ 操作用时过长
□ 工作态度端正	□ 工作态度不够端正

2. 小组评价

我们组做到了：□ 全员参与　□ 分工明确　□ 工作高效　□ 完成了工作任务

3. 教师评价（表 3-21）

表 3-21　教师评价表

评价内容	评价指标	等次（星级评定）
活动态度方面	1）态度是否积极，是否主动组织或参与活动 2）与小组同学合作是否良好 3）活动是否认真、善始善终 4）是否勇于克服困难	☆☆☆☆☆
知识技能方面	1）查阅资料技能 2）实地观察记录能力 3）理论联系实际的应用能力 4）整理材料能力	☆☆☆☆☆

【知识巩固】

一、填空题

1. 列车降级____________驾驶模式回场。

2. 在入场信号机前一度停车标前停车，确认____________后，联系____________调度员。

3. 司机在收车最后一步操作：____________，____________，关____________，收齐两端时刻表、车辆状态记录卡和主控钥匙，锁闭两侧司机室后下车。

4. 入场信号灯显示____________，表示允许入场。

二、判断题

1. 回场列车在转换轨停稳后，转换频道至车场组，使用 400MHz 联系信号楼值班员，确认停放股道并在状态卡上记录。（　　）

2. 运行至入场信号机前，按压 RM 按钮，转换 RM 模式在一度停车标前停稳，

并手指口呼“一度停车”，将电台频道转到正线组。（　　）

3. 列车库内限速 25km/h 运行。（　　）

4. 列车车场内（车头为入库）限速 25km/h 运行。（　　）

5. 库内列车从 A 段运行至 B 段时，司机确认无人、无异物侵入限界即可，不必一度停车。（　　）

三、简述题

1. 简述电客车入场的作业流程。

2. 简述入车辆段作业的注意事项。

延伸阅读

1975 年，张晓雨高中毕业后成为一名地铁司机学徒工。那时，地铁司机在外人看来是一份枯燥而艰苦的工作：终日驾驶列车行驶在同一条轨道上，空气流通差、噪声大、环境沉闷、工作时间不能交谈……

但每一天的工作对张晓雨来说都充满了新鲜感。他对记者说：“我一点也不觉得这份工作枯燥，因为我要做最好的地铁司机”。

在这种信念的支撑下，张晓雨潜心钻研业务，很快就成为同批司机中的佼佼者。提起那段往事，他一脸的骄傲：“那时，我可以背出列车的整个电路图”。

依靠着勤奋与专注，张晓雨创造了安全行车 30 多年的记录，成为地铁行业的标杆司机。

课堂笔记

学而思

1. 要想成为一名优秀的地铁司机，应该具备哪些优良品质？

2. 结合本项目的学习，谈谈今后你在工作中如何做到敬业？

项目四 正线运行作业

04

城市轨道交通列车在正线的运行作业是司机一日作业流程的基本环节之一。列车的驾驶值乘一般由一名司机承担（国内某些地铁企业存在双司机值乘），他担负着数千万资产的安全和上千名乘客的生命安全。因此，司机在正线的作业应严格地遵守规章制度，按规章操作设备和正确地执行正线运行的有关作业制度。正线的运行作业主要包括列车到站后的上、下客监护作业，本站出站到下一站进站的区间运行作业以及列车到达终点站（或折返站）的折返作业等内容。本项目的学习任务分为：

任务一　站台上、下客监护作业
任务二　区间运行作业
任务三　折返及交接班作业

课堂笔记

任务一 站台上、下客监护作业

【任务导入】

2021 年 5 月 22 日 6:30，某市地铁 5 号线司机采用 ATO 驾驶列车在朝天门站准确对标停车，需要立即打开车门，使乘客上、下车。该站的车门、站台门联动功能正常，作为一名地铁司机，该如何安全、快速地完成该作业任务呢?

【学习目标】

目标名称	目标内容
知识目标	掌握站台上、下客监护作业流程★
技能目标	能利用校内城市轨道交通模拟驾驶设备完成站台作业流程◆
	能发现并评价他人在流程执行规程中的违章情况

注：◆ 代表学习难点；★ 代表学习重点。

【知识准备】

一、基本定义

1. 站台门

站台门指沿着站台边缘布置，将车站站台与行车轨道区域隔离，防止乘客误落入轨道发生危险，以及降低能耗的机电一体化设备。站台门包括安全门和屏蔽门（图 4-1）。

图 4-1　站台门（左为安全门、右为屏蔽门）

2. 就地控制盘（PSL）（图 4-2）

每侧站台两端站台门端门外各设一套 PSL，PSL 的设置位置与正常停车时列车驾驶室门相对应。

图 4-2 就地控制盘（PSL）

3. 联动

联动指站台门控制系统接收信号系统的控制指令，与列车同步开门或者关门的过程。

4. 手动

手动是车门的一种工作模式，指 ATO 功能故障时司机采用 MM 模式开、关车门。

课堂笔记

5. CBTC

CBTC 即基于无线通信技术的移动闭塞制式列车自动控制系统。它包括列车自动监控（ATS）、列车自动防护（ATP）、列车自动运行（ATO）和计算机联锁（CI）4 个子系统。它按列车运行等级分为连续式列车控制级别（CTC）、点式列车控制级别（ITC）和联锁列车控制级别（IXLC）。CTC 控制级别下可以保证 120s 的列车追踪间隔；ITC 控制级别下可以保证 300s 的列车追踪间隔。在 CTC 控制级别提供移动闭塞列车间隔和联锁防护，在 ITC、IXLC 控制级别提供固定闭塞列车间隔和联锁防护。正常情况下，从一个较低的控制级别到较高控制级别（IXLC>ITC>CTC）可自动进行转换。

6. 电客车的驾驶模式

电客车的驾驶模式包括列车全自动驾驶模式（ATO）、有 ATP 防护的人工驾驶模式（SM）、受限的人工驾驶模式（RM）和非受限的人工驾驶模式（NRM）。

二、站台上、下客监护作业流程

列车在正线运行时，每到一个车站都有乘客要上、下车，这时就需要司机在站台正确地完成列车的开门，站台观察乘客上、下情况以及关门等操作。根据站台门与车门的联动状况以及自动开门或人工开门等具体情形，制订具体流程如下。

1. 站台上、下客监护作业流程（车门与站台门联动）

站台上、下客监护作业流程（车门与站台门联动）详见表 4-1。

课堂笔记

表 4-1 站台上、下客监护作业流程（车门与站台门联动）

步骤	ATO 自动开门	手动开门
开门作业	对标停稳后，手指确认停车标，呼“对标正确”；立即将主控手柄置全常用制动位。司机室侧墙左/右开门灯亮，呼：“开左/右门”；座位侧立岗，手指确认HMI站台门开启图标，呼“站台门开启”；手指确认MMI所有车门开启图标，呼“全部车门开启”；手指主控手柄，呼“制动”  	列车对标停稳后，手指确认停车标，呼“对标正确”，立即将主控手柄置全常用制动位，手指确认左/右开门灯亮，呼：“开左/右门”；下站台时，不得将手指搭在开门按钮上；双脚完全上站台后，按压开门按钮2s，进司机室手指确认 HMI 站台门开启图标，呼“站台门开启”；手指确认 DDU 所有车门开启图标，呼“全部车门开启”；手指主控手柄，呼“制动”
	上站台，手指确认 PSL 操作箱站台门开启（黄）灯亮，呼“站台门开启”；手指确认站台双门，呼：“双门开启” 	
站台立岗	面向站台立岗，监护乘客乘降 	

（续）

<table>
<tr><th>步骤</th><th>ATO 自动开门</th><th>手动开门</th></tr>
<tr><td>关门作业</td><td colspan="2">待 DTI 倒计时 20s 左右，确认乘客基本上下客完毕，呼“关左/右门”；按下左/右关门按钮，并持续观察空隙（按压关门按钮 2s 后，手指应立即放在重开门按钮上，随时准备应对突发情况）；车门关闭后，保持跨半步姿势，手指确认所有门关好灯亮，呼“车门关好”；手指确认 PSL 操作箱所有门关好（绿）灯亮，呼“站台门关好”。手指上下确认空隙无夹人、夹物，呼“空隙安全”（空隙确认须足 3s）
 </td></tr>
<tr><td rowspan="2">进路确认</td><td colspan="2">进入驾驶室站立，手指确认发车信号机，呼“CTC 灭灯”；若有岔站，手指确认道岔位置，呼“道岔好”；手指确认 HMI 速度表上推荐速度，呼“推荐速度××”
 </td></tr>
<tr><td>将主控手柄缓至 0 位，按下 ATO 发车按钮直至列车起动</td><td>将主控手柄推至牵引区，起动列车。司机手动驾驶列车出站时，应控制好牵引力，做到平稳起动列车</td></tr>
</table>

2. 站台上、下客监护作业流程（车门与站台门不联动）

站台上、下客监护作业流程（车门与站台门不联动）详见表 4-2。

表 4-2 站台上、下客监护作业流程（车门与站台门不联动）

步骤	手动开门
开门作业	1）列车对标停稳后，手指确认停车标，呼“对标正确”。司机立即将主控手柄置全常用制动位；手指确认左/右开门灯亮，呼：“开左/右门”；下站台（注意下站台时，不得搭在车门开门按钮上），将 PSL 操作盘打至“允许位”；按下站台门开门按钮，确认站台门打开后，手指站台门开门（黄）灯亮，呼“站台门开启” 2）按压确认车门开门按钮 2s 打开后，进司机室手指确认车辆屏上车门全部开启图标，呼“全部车门开启”；手指确认 HMI 站台门开启图标，呼“站台门开启”；手指主控手柄，呼“制动” 3）手指站台双门，呼：“双门开启”
站台立岗	面向站台立岗，监护乘客乘降

课堂笔记

（续）

<table>
<tr><th>步骤</th><th>手动开门</th></tr>
<tr><td>关门作业</td><td>待 DTI 倒计时 20s 左右，确认乘客基本上、下完毕，按下 PSL 操作箱关门按钮，确认站台门关闭后将站台门钥匙旋转至“自动”位；手指确认站台门关好（绿）灯亮，呼“站台门关好”；按下司机室侧墙上的左/右关门按钮，同时呼“关左/右门”，并持续观察空隙（按压关门按钮 2s 后，手指应立即放在重开门按钮上，随时准备应对突发情况）。车门关闭后，保持跨半步姿势，手指确认所有门关好灯亮，呼“车门关好”。手指上下确认空隙无夹人、夹物，呼“空隙安全”（空隙确认须足 3s）</td></tr>
<tr><td rowspan="2">进路确认</td><td>进入驾驶室站立，手指确认发车信号机，呼“CTC 灭灯”；若有岔站，手指确认道岔位置，呼“道岔好”；手指确认 HMI 速度表上推荐速度，呼“推荐速度××”</td></tr>
<tr><td>将主控手柄推至牵引区，起动列车。司机手动驾驶列车出站时，应控制好牵引力，做到平稳起动列车</td></tr>
</table>

课堂笔记

3. 站台上、下客监护作业流程（车门与站台门联动功能突发故障）

站台上、下客监护作业流程（车门与站台门联动功能突发故障）详见表 4-3。

表 4-3 站台上、下客监护作业流程（车门与站台门联动功能突发故障）

<table>
<tr><th>步骤</th><th>ATO 自动开门</th><th>手动开门</th></tr>
<tr><td rowspan="3">开门作业</td><td>对标停稳后，手指确认停车标，呼“对标正确”，立即将主控手柄置全常用制动位。司机室侧墙左/右开门灯亮，呼：“开左/右门”；座位侧立岗，手指确认 HMI 站台门开启图标，呼“站台门开启”；手指确认 MMI 所有车门开启图标，呼“全部车门开启”。手指主控手柄，呼“制动”</td><td>列车对标停稳后，手指确认停车标，呼“对标正确”，立即将主控手柄置全常用制动位；手指确认左/右开门灯亮，呼：“开左/右门”；下站台时，不得将手指搭在开门按钮上，双脚完全上站台后按压开门按钮 2s</td></tr>
<tr><td colspan="2">发现站台门未打开，立即上站台，将 PSL（就地控制盘）打至“允许位”，再按压 PSL 操作盘上的开门按钮</td></tr>
<tr><td colspan="2">进司机室手指确认 HMI 站台门开启图标，呼“站台门开启”；手指确认 DDU 所有车门开启图标，呼“全部车门开启”；手指主控手柄，呼“制动”；上站台，手指确认 PSL 箱站台门开启（黄）灯亮，呼“站台门开启”；手指确认站台双门，呼：“双门开启”</td></tr>
<tr><td>站台立岗</td><td colspan="2">面向站台立岗，监护乘客乘降</td></tr>
<tr><td>关门作业</td><td colspan="2">待 DTI 倒计时 20s 左右，确认乘客基本上、下完毕，按下 PSL 操作箱关门按钮，确认站台门关闭后，将站台门钥匙旋转至“自动”位，手指确认站台门关好（绿）灯亮，呼“站台门关好”。按下司机室侧墙上的左/右关门按钮，同时呼“关左/右门”，并持续观察空隙（按压关门按钮 2s 后，手指应立即放在重开门按钮上，随时准备应对突发情况）；车门关闭后，保持跨半步姿势，手指确认所有门关好灯亮，呼“车门关好”。手指上下确认空隙无夹人、夹物，呼“空隙安全”（空隙确认须足 3s）</td></tr>
<tr><td rowspan="2">进路确认</td><td colspan="2">进入驾驶室站立，手指确认发车信号，呼“CTC 灭灯”；若有岔站，手指确认道岔位置，呼“道岔好”；手指确认 HMI 速度表上推荐速度，呼“推荐速度××”</td></tr>
<tr><td>将主控手柄缓至 0 位，按下 ATO 发车按钮直至列车起动</td><td>将主控手柄推至牵引区，起动列车。司机手动驾驶列车出站时，应控制好牵引力，做到平稳起动列车</td></tr>
</table>

三、站台上、下客监护作业的注意事项

1）车载信号系统投入使用后，列车只有在 CTC 级别下才能实现车门与站台门的联动功能。非 CTC 级别（ITC、RM、NRM）、二次对标、按压门允许，以及其他原因导致联动功能突发故障时，车门与站台门不能联动，均需人工在就地控制盘（图 4-3）上操作开、关站台门。此时司机需将门模式开关打到“手动开门、手动关

门”位，PSL 操作盘上的钥匙打到“允许”位开关站台门，关闭站台门、车门后，将 PSL 操作盘上的钥匙打回“自动”位。

2）进、出司机室上、下站台开关站台门、车门时，应注意列车与站台间的空隙，避免摔伤。

3）关站台门、车门时，密切注视空隙状态。确认车门/站台门无夹人、夹物，空隙没有滞留乘客及异物。

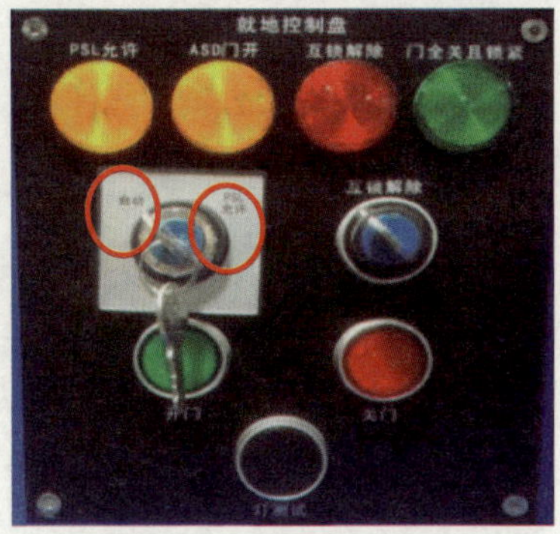

图 4-3　就地控制盘

4）列车延误情况下，在站台作业时，司机须正确掌握关门时机，即站台门和车门完全打开后至少保持 10s 后再关门。

5）若站台门处于隔离状态或故障，列车进站过程中密切留意站台区域安全情况，按行车调度员指示执行，遇危及列车运行或人身安全情况时，立即采取紧急措施。

6）遇乘客向司机投诉时，可用“我们正在处理”或“请咨询车站工作人员”等用语，转交车站处理；同时通过站台端墙上直通电话请求车站协助，避免相互推诿延误时间。司机在站台立岗监护乘客上、下车时，除回答乘客的问询外禁止做与行车工作无关的事情。

7）遇非正常情况需要站务人员协助处理的，及时与行车调度员联系，并明确告知需要协助处理的内容。

8）遇车门未全部关闭或者瞭望不清时，不得上车，待确认无异常后，才可进入司机室动车。

9）列车到达终点站，司机要及时打开车门，接车司机及时上车，等待站务人员显示“清客好了”信号后才可关闭车门。

10）关闭司机室侧门时，必须掌握好关门的力度及手的位置，防止被夹伤。

11）两人机班值乘时，按操作司机、监控司机/学员的顺序走出驾驶室。关门后，按监控司机/学员、操作司机的顺序进入驾驶室。

12）站台立岗时，车门打开后，在规定位置立正立岗，确认所有站台门、车门打开后，手指口呼，观察乘客上、下车情况。不得背手、手插进口袋或手搭在物品上，不得有打哈欠或伸懒腰等影响形象的行为。

13）按压“开/关门”按钮时，需保持 2s 以上，保证车门开、关功能正常。

14）运营列车在站停站时间超过《列车运行图》规定的时间 30s 及以上时，司机驾驶列车离站后需向行车调度员说明原因。

课堂笔记

【信息收集】

一、我们的学习任务是什么？

____

____

课堂笔记

____

二、为顺利完成本学习任务，请按要求完成信息的收集。

1）任务实施的场地：______________________________

2）任务实施的着装要求：______________________________

3）任务实施的站点：______________________________

4）车门、站台门联动功能的作业流程：______________________________

5）列车采用的驾驶模式为 ATO 模式时对应的作业流程：______________________________

____

【制订计划】

根据任务要求，确定任务完成所用的模拟驾驶设备型号、所使用的线路（上行及下行）、驾驶模式、联动功能等，并对小组进行合理分工，制订详细的任务执行计划。

1）在表 4-4 中填好基础信息。

表 4-4　基础信息登记表

类别	描述
模拟驾驶设备型号	
所使用的线路（上行及下行）	
驾驶模式	
联动功能是否正常	
根据上述信息选择对应的实训作业流程	

2）在表 4-5 中填写小组成员分工。

表 4-5　分工表

序号	组长	记录员	地铁司机	裁判

3）填写站台上、下客监护作业的四大步骤。

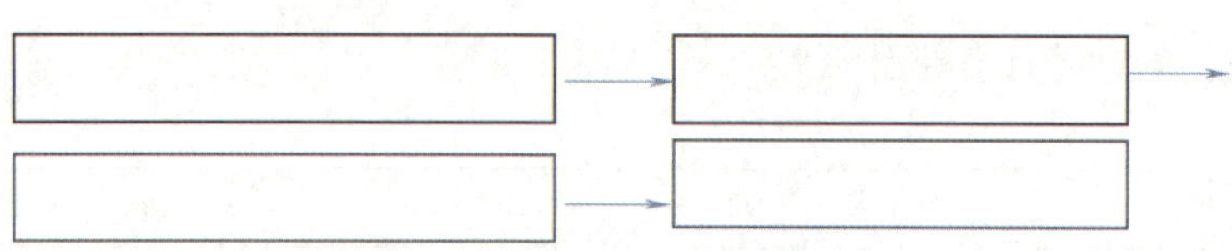

【实施计划】

在教师的引导下，以小组为单位学习相关知识，并回答下列问题。

经过教师对本作业项目的步骤 1（开门）（车门与站台门联动、ATO 驾驶）的讲解示范后，完成下列问题。

步骤 2：立岗。

1. 立岗的标准是什么？

____

____

2. 立岗的注意事项。

1）司机在站台立岗监护乘客上、下车时，除回答乘客的问询外禁止做______。

2）站台立岗时，车门打开后，在__________立正立岗，确认所有站台门、车门打开后，手指口呼，观察乘客上、下车情况。不得__________、__________或__________，不得有__________或__________等影响形象的行为。

3. 计划实施。

小组成员（司机）进行本步骤的实施展示（实施计划见表 4-6），裁判员进行内部点评，其他组员协助。

表 4-6　实施计划表一

检查内容	检查记录
立岗时有无做与工作无关的事情	
立岗时是否保持立正姿势、有无其他影响形象的动作	
立岗时朝向是否面对乘客方向	

课堂笔记

步骤 3：关门。

1. 关门的时机如何确定？

____

____

2. 关门的操作（口呼用语、按什么按钮、按压时间、手的移动位置等）有何要求？

____

____

3. 车门关闭后的站台操作（身姿、手指口呼、空隙确认的要求等）有何要求？

____

____

4. 关门注意事项有哪些？

____

____

课堂笔记

5. 计划实施。

小组成员（司机）进行本步骤的实施展示（实施计划表见表 4-7），裁判员进行内部点评，其他组员协助。

表 4-7　实施计划表二

检查内容	检查记录
待 DTI 倒计时 20s 左右，确认乘客基本上、下车完毕	
按下左/右关门按钮，并持续观察空隙（按压关门按钮 2s 后，手指应立即放在重开门按钮上，随时准备应对突发情况）	
车门关闭后，保持跨半步姿势，手指确认所有门关好灯亮，呼“车门关好”；手指确认 PSL 箱所有门关好（绿）灯亮，呼“站台门关好”	
手指上下确认空隙无夹人、夹物，呼“空隙安全”（空隙确认须足 3s）	

步骤 4：进路确认。

1. 确认的内容及对应的口呼用语分别是什么？

____

____

2. ATO 启动列车的步骤是什么？

____

____

3. 进路确认注意事项有哪些？

____

____

4. 计划实施。

小组成员（司机）进行本步骤的实施展示（实施计划见表 4-8），裁判员进行内部点评，其他组员进行协助。

表 4-8　实施计划表三

检查内容	检查记录
进入驾驶室站立	
手指确认发车信号，呼“CTC 灭灯”；若有岔站，手指确认道岔位置，呼“道岔好”；手指确认 HMI 速度表上推荐速度，呼“推荐速度××”	
将主控手柄缓至 0 位，按下 ATO 发车按钮直至列车起动	

【检查与控制】

每个小组推选出代表，扮演司机角色，完整地进行本项目的实操过程。各个小组的裁判员组成裁判员团队，对司机进行打分，指定记录员对得分进行计算并记录到表 4-9 中。

表 4-9 评价记录表

<table>
<tr><th>序号</th><th>考核项目</th><th>考核内容及要求</th><th>配分</th><th>评分标准</th><th>得分</th><th>备注</th></tr>
<tr><td rowspan="3">1</td><td rowspan="3">开门</td><td>对标停稳后，手指确认停车标，呼“对标正确”，立即将主控手柄置全常用制动位</td><td rowspan="3">25 分</td><td rowspan="3">1）未手指、未眼看或者未口呼扣 5 分
2）手指错误或口呼错误扣 5 分
3）主控手柄未置于全常用制动位扣 10 分
4）其他项目不符合每项扣 5 分</td><td></td><td></td></tr>
<tr><td>司机室侧墙左/右开门灯亮，呼：“开左/右门”</td><td></td><td></td></tr>
<tr><td>座位侧立岗，手指确认 HMI 屏蔽门开启图标，呼“屏蔽门开启”；手指确认 MMI 所有车门开启图标，呼“全部车门开启”；手指主控手柄，呼“制动”</td><td></td><td></td></tr>
<tr><td rowspan="3">2</td><td rowspan="3">立岗</td><td>立岗时不做与工作无关的事情</td><td rowspan="3">25 分</td><td rowspan="3">1）立岗时朝向错误扣 10 分
2）其他项目不符合扣 5 分</td><td></td><td></td></tr>
<tr><td>立岗时是否保持立正姿势、有无其他影响形象的动作</td><td></td><td></td></tr>
<tr><td>立岗时朝向是否面对乘客方向</td><td></td><td></td></tr>
<tr><td rowspan="3">3</td><td rowspan="3">关门</td><td>待 DTI 倒计时 20s 左右，确认乘客基本上、下车完毕</td><td rowspan="3">25 分</td><td rowspan="3">1）未手指、未眼看或者未口呼扣 5 分
2）手指错误或口呼错误扣 5 分
3）其他各项目不符合每项扣 5 分</td><td></td><td></td></tr>
<tr><td>按下左/右关门按钮，并持续观察空隙（按压关门按钮 2s 后，手指应立即放在重开门按钮上，随时准备应对突发情况）</td><td></td><td></td></tr>
<tr><td>车门关闭后，保持跨半步姿势，手指确认所有门关好灯亮，呼“车门关好”；手指确认 PSL 操作箱所有门关好（绿）灯亮，呼“屏蔽门关好”</td><td></td><td></td></tr>
<tr><td rowspan="3">4</td><td rowspan="3">进路确认</td><td>进入驾驶室站立</td><td rowspan="3">25 分</td><td rowspan="3">1）未手指、未眼看或者未口呼扣 5 分
2）手指错误或口呼错误扣 5 分
3）其他各项目不符合每项扣 5 分</td><td></td><td></td></tr>
<tr><td>手指确认发车信号，呼“CTC 灭灯”；若有岔站，手指确认道岔位置，呼“道岔好”；手指确认 HMI 速度表上推荐速度，呼“推荐速度××”</td><td></td><td></td></tr>
<tr><td>将主控手柄缓至 0 位，按下 ATO 发车按钮直至列车起动</td><td></td><td></td></tr>
<tr><td colspan="5">总分 100 分</td><td></td><td></td></tr>
</table>

课堂笔记

【评价反馈】

课堂笔记

1. 自我评价（表4-10）

表4-10　自我评价表

我做得好的地方	我还存在这些方面的问题
□ 动作准确	□ 动作不到位
□ 手指眼看口呼规范	□ 手指眼看口呼不规范
□ 作业流程熟悉	□ 作业流程不熟悉
□ 着装符合要求	□ 着装不符合要求
□ 操作用时合理	□ 操作用时过长
□ 工作态度端正	□ 工作态度不够端正

2. 小组评价

我们组做到了：□ 全员参与　□ 分工明确　□ 工作高效　□ 完成了工作任务

3. 教师评价（表4-11）

表4-11　教师评价表

评价内容	评价指标	等次（星级评定）
活动态度方面	1）态度是否积极，是否主动组织或参与活动 2）与小组同学合作是否良好 3）活动是否认真、善始善终 4）是否勇于克服困难	☆☆☆☆☆
知识技能方面	1）查阅资料技能 2）实地观察记录能力 3）理论联系实际的应用能力 4）整理材料能力	☆☆☆☆☆

【知识巩固】

一、选择题

1. 车门与站台门不能联动，需人工在PSL操作盘上操作开、关站台门的情况是（　　）。

A. 非CTC级别（ITC、RM、NRM）

B. 二次对标

C. 按压门允许

D. 其他原因导致联动功能突发故障时

2. 列车延误情况下，在站台作业时，司机须正确掌握关门时机，即站台门和车门完全打开后至少保持（　　）s后关门。

A. 5　　B. 10　　C. 15　　D. 30

3. 两人机班值乘时，站台上、下客监护作业按（　　）的顺序走出驾驶室。

A. 监控司机/学员、操作司机

B. 同时下车

C. 操作司机下车，监控司机/学员不下车

D. 操作司机、监控司机/学员

4. 按压“开/关门”按钮时需保持（　　）s 以上，保证车门开、关功能正常。

A. 1　　B. 2　　C. 5　　D. 10

5. 司机对标停稳后，手指确认停车标，呼“对标正确”，立即将主控手柄置（　　）位。

A. 全常用制动　　B. 快速制动位

C. 惰行位　　D. 紧急制动位

二、填空题

1. 人工开关站台门、车门时，必须严格执行“一____________、二呼唤，跨半步、再____________”的作业程序。站台门与车门不能联动时，必须按照“先开关____________，后开关____________”的原则执行。联动功能突发故障，司机打开车门时才发现的情况除外。

2. 若站台门处于隔离状态或故障，列车进站过程中司机应密切留意站台区域安全情况，按行车调度员指示执行，遇危及列车运行或人身安全情况时，立即采取____________措施。

3. 列车到达终点站，司机要及时打开车门，接车司机及时上车，等待站务人员显示“____________”信号后才可关闭车门。

4. 待 DTI 倒计时____________ s 左右，确认乘客基本上、下车完毕，呼“关左/右门”，按下左/右关门按钮，并持续观察____________。

5. 进入驾驶室站立，手指确认发车信号，呼“____________”；若有岔站，手指确认道岔位置，呼“____________”；手指确认 HMI 速度表上推荐速度，呼“____________”。

课堂笔记

课堂笔记

任务二 区间运行作业

【任务导入】

2021 年 5 月 22 日 6:40，某市地铁 1 号线司机在始发站朝天门站完成站台作业，凭时刻表和信号显示，采用 ATO 驾驶列车出站进入区间运行。作为一名地铁司机，该如何安全、平稳、准点地完成该作业任务呢？

【学习目标】

目标名称	目标内容
知识目标	掌握出站前的确认内容★
技能目标	能利用校内城市轨道交通模拟驾驶设备完成区间运行作业◆
	能发现并评价他人在流程执行规程中的违章情况

注：◆ 代表学习难点；★ 代表学习重点。

【知识准备】

一、基本定义

1. 区间运行

区间运行指电客车司机按运营时刻表及 DTI（图 4-4）显示，凭车载信号显示以 ATO 或 SM 模式驾驶列车从本站发车，开往相邻的下一站进站对标停车之前的行驶过程。

图 4-4 DTI

2. 列车运行模式

地铁一般采用双线单向右侧行车，电客车由起点站（A 站）经上行线至终点站（Z 站），经折返到下行线，再由终点站（Z 站）经下行线到起点站（A 站）循环运行。

二、列车驾驶模式有关规定

正常情况下列车采用 AM 模式驾驶，司机需要按压 ATO 按钮直至列车启动后才可松开。若采用人工驾驶模式（SM）时，司机必须保持按压警惕按钮，进站时注意严格控制速度，制动时采取“早拉少拉”的原则，避免列车产生滑行。

电客车运行驾驶模式按安全级别从高到低依次为：列车全自动驾驶模式（AM）、有 ATP 防护的人工驾驶模式（SM）、受限的人工驾驶模式（RM）和非受限的人工驾驶模式（NRM）。上述驾驶模式的转换，从低到高转换时，司机可视情况进行操作，及时报告行车调度员；从高到低转换时，必须得到行车调度员允许后才可进行操作。以下情况时司机转换驾驶模式无须报行车调度员：

1）采用电话闭塞法行车（NRM 模式）凭路票（图 4-5）运行时。

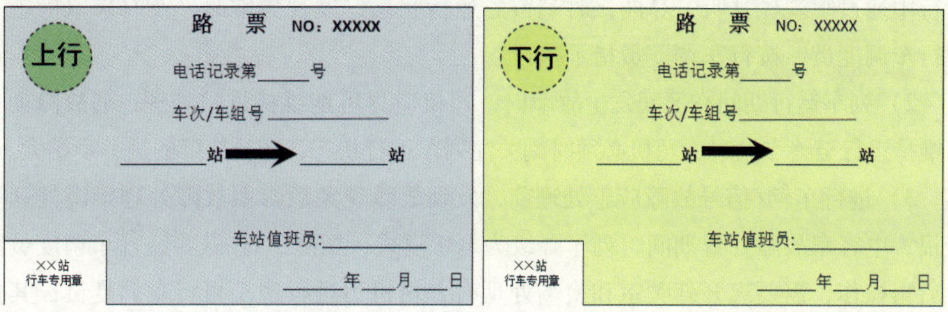

图 4-5 路票

2）电客车进车辆段/停车场时，运行至转换轨一度停车，与信号楼值班员联系接车进路改用 RM 模式回车辆段/停车场时。

3）当电客车头部已进入站线、存车线、折返线，但未到停车标自动停车（不含紧急制动和采用紧急停车按钮停车）时，司机确认运行前方无异常后，可自行改用 SM 模式动车对位后报行车调度员。

课堂笔记

三、对标停车要求

1）人工驾驶进站对标停车（图 4-6），停车精度要求控制在±30cm 内，严格按规定开启站台门、车门上下客。

2）如列车对标停车在±50cm 以上，司机必须确认车门、站台门处于关闭状态后，重新 SM 对标将列车停在±50cm 以内；如司机确认乘客可以上、下车，手动打开站台门、车门。

3）CTC 模式下操作门允许按钮给出开门使能信号，车门与站台门不能联动司机需先手动打开站台门再打开车门。

4）列车越出停车标超过 2m 时，司机确认车门处于关闭状态后，SM 后退对标停

图 4-6 对标停车

课堂笔记

车，确认对标准确，先开站台门再开车门，关门时先关站台门再关车门，列车在本站发车后司机及时报告行车调度员。

5）无特殊情况，非末班且乘客具备返乘条件的列车越出停车标超过 2m 时，司机报告行车调度员，行车调度员组织列车不开门继续运行至前方站，司机做好乘客广播。

6）末班车越出车站停车标超过 2m 时，司机报告行车调度员，经其同意后 NRM 退行对标。

7）列车进入终点站越出停车标超过 2m 时，司机报告行车调度员，行车调度员在后方车站扣停（紧急情况下须在区间扣停）后续列车后，通知司机 NRM 退行对标。

四、区间运行途中突发事件和故障处理基本原则

1）司机在驾驶列车时，认真留意显示屏、指示灯、按钮及压力表的状态，在运行中通过眼观、耳听、鼻闻，时刻留意运行状态，发现异常时，及时采取措施并报行车调度员，按行车调度员指示执行。

2）列车运行期间在区间发生故障时，司机应尽可能维持进站处理；遇故障列车需维持运行至终点站时，司机必须时刻关注列车运行状态，防止故障的进一步扩大。

3）进行车辆/信号故障应急处理前，发现故障现象后参照故障处理指南处理和汇报；电客车故障处置期间，列车降级为 RM 模式、切除 ATP 需要经行车调度员同意后再操作，需要离开驾驶室和换端处理时，司机边进行边汇报行车调度员；其他操作内容均不需要报行车调度员；若涉及使用停放制动旁路开关、气制动旁路开关、总风欠压旁路开关及紧急牵引模式、拖行模式、后端推进运行等情况时，在动车前向行车调度员报告上述操作及动车限制，必须确认符合安全条件并取得行车调度员的授权，同时手指口呼操作。驻调司机只负责指导司机处理故障，现场信息必须由故障列车司机直接向行车调度员报告。

4）信号系统发生故障时，司机主动与调度、车站联系确定列车位置，按照行规的规定和调度的命令驾驶列车运行。发生异常情况时，司机需加强与行车调度员、车站的联系，按应急处理程序进行处理，并加强乘客服务广播。

5）司机在火灾迫停列车后或其他紧急情况下，必须采取应急措施，施加停放制动和切除 ATP 打开车门后才可离开岗位，组织乘客疏散。在区间使用疏散平台疏散前，司机必须确认客室门对应有疏散平台（图 4-7），才可打开客室门疏散乘客。

图 4-7 区间疏散平台

五、正线呼唤应答用语

正线呼唤应答用语详见表 4-12。

表 4-12　正线呼唤应答用语标准

<table>
<tr><th colspan="2">呼唤时机</th><th>呼唤用语</th><th>手指</th><th>备注</th></tr>
<tr><td colspan="2" rowspan="2">列车接近道岔时</td><td>道岔好</td><td>√</td><td></td></tr>
<tr><td>停车</td><td></td><td>道岔位置显示不正确时，停车</td></tr>
<tr><td colspan="2">列车接近站台时</td><td>进站注意</td><td></td><td>接近站名标呼唤</td></tr>
<tr><td colspan="2">列车接近站台中部时</td><td>对标停车</td><td>√</td><td>ATO 时注意 HMI 上目标速度为“0”，目标距离变红，控制速度，准备停车</td></tr>
<tr><td colspan="2" rowspan="4">确认进路、道岔防护信号</td><td>绿灯好（ITC、IXL）
CTC 灭灯（CTC）</td><td rowspan="4">√</td><td rowspan="4">车门关好后、列车动车前，在司机室站立确认。区间运行时，若遇信号机，其呼唤用语相同</td></tr>
<tr><td>黄灯好（ITC、IXL）
CTC 灭灯（CTC）</td></tr>
<tr><td>红灯停车（ITC、IXL）
CTC 灭灯（CTC）</td></tr>
<tr><td>引导信号好</td></tr>
<tr><td rowspan="2">进入司机室动车前</td><td>确认道岔</td><td>道岔好（无道岔则不呼）</td><td rowspan="2">√</td><td rowspan="2">车门关好后、列车动车前，在司机室站立确认才能动车</td></tr>
<tr><td>确认信号屏 HMI 上的推荐速度</td><td>推荐速度××</td></tr>
</table>

正线运行中的手指眼看口呼如图 4-8 所示。

图 4-8　正线运行中的手指眼看口呼

六、其他规定

1）运营前，首列电客车以 SM 模式限速 45km/h 进行不载客轧道。

2）首、末班车须严格按照列车运行图规定的时间运营，无特殊情况均不得早发、迟发及越站。

3）列车运行中，坚持“动车集中看，瞭望不间断”，掌握“远看信号，近看道岔”的原则，确认前方进路安全。

4）严格按照《地铁行车组织规则》的规定及行车调度员命令控制好列车运行

课堂笔记

课堂笔记

速度，严禁超速。

5）严格执行呼唤应答，做到呼唤时机恰当，用语准确响亮。

6）司机按照信号显示行车，准确对标，防止错开车门。

7）运营列车非正常停车或停站时间超过2min时，司机应及时广播安抚乘客，避免不必要的乘客投诉。

8）司机以人工驾驶模式驾驶列车进站对标时，禁止接行车调度员及其他电话；若行车调度员使用紧急呼叫模式呼叫司机，司机应立即接听。

9）行车过程中，行车调度员发布（或经车站传达）的行车指示或命令必须严格复诵并记录在司机手册上，命令不清时不准动车，严禁臆测行车。严格执行联控安全措施，确保列车安全、准点运行。

10）地面信号不作为行车凭证（CTC模式下，地面信号为灭灯状态）。地面信号显示红灯或非灭灯状态时，司机应立即停车并报告行车调度员，按照行车调度员的指示执行；越地面信号红灯或非灭灯状态时，必须得到行车调度员的明确越红灯命令的信号机编号，每个命令只能越一个（封锁作业除外）及运行区域。列车加速、减速、停车和开门等由系统自动控制或由司机参照系统人工控制。

11）列车运行。

① 与调度建立通话，必须及时汇报自己的位置和车次，确保调度员清楚本车的位置和车次。

② 严格遵循线路允许和运营限制速度驾驶列车，在各区间限速牌前注意控制速度。

③ 司机要注意观察列车显示屏信息、各指示灯和仪表显示，平稳操纵，准确对标。

④ 司机须加强瞭望，确保运行进路安全；遇危及行车或人身安全情况时，立即采取紧急措施并报告行车调度员。

⑤ 司机加强与行车调度员和车站的联系，对于经车站中转的行车指示或命令必须执行复诵制度，命令不清、不明时不准动车，严禁臆测行车。

⑥ 接受调度员命令或行车指示时，司机必须认真逐句复诵并领会命令内容，同时记在司机日志上，并做好交接班。

⑦ 行车调度员通知司机RM模式动车后，司机自行选择合适的预选模式，无须询问行车调度员。

【信息收集】

一、我们的学习任务是什么？

____

二、为顺利完成本学习任务，请按要求完成信息的收集。

1）任务实施的场地：______________________________

2）任务实施的着装要求：______________________________

3）任务实施的区间（起点、终点）：______________________________

4）简述区间运行的定义：______

______

【制订计划】

根据任务要求，确定任务完成所用的模拟驾驶设备型号、所使用的线路（上行及下行）、驾驶模式、联动功能等，并对小组进行合理分工，制订详细的任务执行计划。

1）在表 4-13 中填好基础信息。

表 4-13 基础信息登记表

类别	描述
模拟驾驶设备型号	
所使用的线路名称	
选择该线路的行线（上行及下行）	
区间运行对应前、后站点名称	
所选用的驾驶模式	

2）在表 4-14 中填写小组成员分工。

表 4-14 分工表

序号	组长	记录员	地铁司机	裁判

3）列车采用的驾驶模式：

______

4）发车前司机需要确认的项点：

______

5）区间运行中哪些情况要求呼唤应答：

______

6）选用的驾驶模式对应的列车起动方法：

______

课堂笔记

【实施计划】

在教师的引导下，以小组为单位完成表 4-15 中有关区间运行作业内容及要求的填写，每个小组推选出代表，扮演司机角色，完整地进行本项目的实操过程。

课堂笔记

表 4-15　计划实施表

序号	考核项目	内容及要求	备注
1	着装		
2	列车动车出站前需要确认的点，对应的呼唤应答用语		
3	驾驶模式对应的列车起动要求		
4	区间运行中各确认点的呼唤应答用语		
5	坐姿要求		
6	对标停车的要求		
7	单个区间正点运行时间		

【检查与控制】

各个小组的裁判员组成裁判员团队，对司机进行打分，指定记录员对得分进行计算并记录到表 4-16 中。

表 4-16　评价记录表

序号	考核项目	考核内容及要求	配分	评分标准	得分	备注
1	着装	学生是否按要求进行着装	10 分	未按要求着全套工作制服扣 5 分		
2	动车前确认	列车动车出站前，需要确认推荐速度、地面信号显示、道岔位置，并进行呼唤应答	20 分	未按要求确认，本项不得分		
3	驾驶模式	驾驶模式的操纵方法得当	10 分	未按要求执行，本项不得分		
4	呼唤应答用语	区间运行中地面信号、道岔、站名标、进站过程等的呼唤应答	20 分	遗漏确认或者确认错误，扣 4 分/项		
5	坐姿	坐姿符合要求	10 分	未按要求执行，本项不得分		
6	对标停车	对标将列车停在±30cm 位置	15 分	未按要求执行，本项不得分		
7	正点	用时符合规定的区间运行用时	15 分	未按要求执行，本项不得分		
总分 100 分						

【评价反馈】

1. 自我评价（表 4-17）

表 4-17 自我评价表

我做得好的地方	我还存在这些方面的问题
□ 动作准确	□ 动作不到位
□ 手指眼看口呼规范	□ 手指眼看口呼不规范
□ 作业流程熟悉	□ 作业流程不熟悉
□ 着装符合要求	□ 着装不符合要求
□ 操作用时合理	□ 操作用时过长
□ 工作态度端正	□ 工作态度不够端正

2. 小组评价

我们组做到了：□ 全员参与 □ 分工明确 □ 工作高效 □ 完成了工作任务

3. 教师评价（表 4-18）

表 4-18 教师评价表

评价内容	评价指标	等次（星级评定）
活动态度方面	1）态度是否积极，是否主动组织或参与活动 2）与小组同学合作是否良好 3）活动是否认真、善始善终 4）是否勇于克服困难	☆☆☆☆☆
知识技能方面	1）查阅资料技能 2）实地观察记录能力 3）理论联系实际的应用能力 4）整理材料能力	☆☆☆☆☆

课堂笔记

【知识巩固】

一、填空题

1. 采用人工驾驶模式（SM）时，司机必须保持按压__________按钮；进站时，严格控制速度，制动时采取“__________”的原则，避免列车产生滑行。

2. 列车接近道岔时，若道岔位置正确，呼唤用语为__________。

3. 运营前，首列电客车以 SM 模式限速__________ km/h 进行不载客轧道。

4. 列车运行中坚持“____________________”，掌握“远看信号，近看道岔”的原则，确认前方进路安全。

5. 运营列车非正常停车或停站时间超过__________ min 时，司机应及时播广播安抚乘客，避免不必要的乘客投诉。

二、判断题

1. 电客车运行驾驶模式按安全级别从高到低依次为：列车全自动驾驶模式

课堂笔记

（AM）、有 ATP 防护的人工驾驶模式（SM）、受限的人工驾驶模式（RM）、非受限的人工驾驶模式（NRM）。（　　）

2. 上述驾驶模式的转换，从高到低转换时，司机可视情况进行操作并及时报告行车调度员。（　　）

3. 车门与站台门不能联动时，司机需先手动打开车门再打开站台门。（　　）

4. 列车运行期间在区间发生故障时，司机应尽可能维持进站处理。（　　）

5. 电客车故障处置期间，列车降级为 RM 模式、切除 ATP 需要经行车调度员同意才能操作。（　　）

三、选择题

1. 采用电话闭塞法行车（NRM 模式）的行车凭证是（　　）。

A. 路票　　B. 推荐速度

C. 地面信号　　D. 行车调度员指示

2. 人工驾驶进站对标停车，停车精度要求控制在（　　）内，严格按规定开启站台门，车门上、下客。

A. ±30cm　　B. ±20cm　　C. ±50cm　　D. ±1m

3. 列车超出停车标 2m 时，司机确认车门处于关闭状态后，以（　　）模式后退对标停车。

A. SM　　B. RM　　C. AM　　D. NRM

任务三 折返及交接班作业

【任务导入】

2021 年 5 月 22 日 9:30，某市地铁 1 号线司机在终点站凯旋路站下行站台对标停车清客后，需要与接车司机完成交接，并驾驶列车经折返线驶入上行始发站台对标停车。作为到达司机或接车司机，应该怎么操纵列车呢？

【学习目标】

目标名称	目标内容
知识目标	掌握列车折返作业的标准★
技能目标	能在司机操作台正确使用各个开关按钮◆
	能结合作业标准，利用司机台模拟进行列车折返作业◆
	能发现并评价他人在流程执行规程中的违章情况

注：◆ 代表学习难点；★ 代表学习重点。

【知识准备】

一、基本定义

1. 折返

折返指电客车到达终点站（或中间折返站）后，行驶至折返线采用司机换端驾驶的方式完成列车换向，从一条行线运行至另一行线的作业过程。

2. CTC

CTC 即连续式列车控制等级。通过无线通道建立地与车之间的双向连续通信，实现 ATP 保护下的 AM/SM 驾驶。无线移动闭塞组织行车时，正线进路防护信号机无显示（处于灭灯状态），列车凭车载信号运行。

3. ITC

ITC 即点式列车控制等级。通过线路上的应答器建立地与车之间的通信，实现 ATP 保护下的 AM/SM 驾驶。有超速防护的固定闭塞组织行车时，正线进路防护信号机正常开放，列车凭地面信号及车载信号运行。

课堂笔记

课堂笔记

4. IXLC

IXLC 即联锁列车控制等级。如果连续式或点式通信级故障，作为降级运行模式，可由联锁系统为列车提供全面的联锁防护。在该级别下，司机根据地面信号显示驾驶列车。

5. 折返分类

折返按列车途经的径路不同，分为站前折返（图 4-9）和站后折返（图 4-10）；按折返方式的不同，分为人工折返和 DTRO 折返；按列控等级的不同，分为 CTC 等级下的折返作业和非 CTC（ITC 和 IXLC）等级下的折返作业。

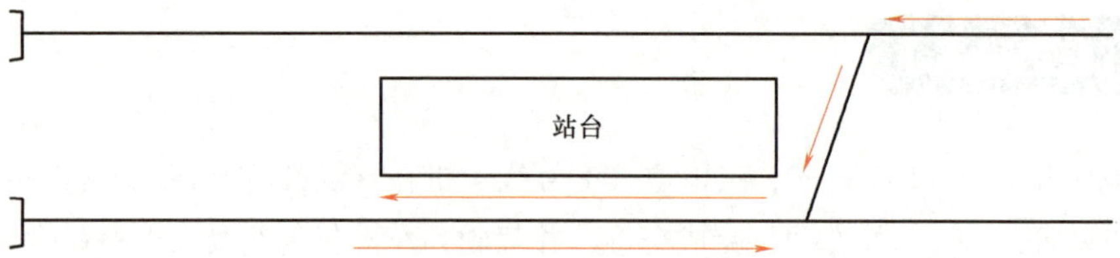

图 4-9　站前折返作业示意图（红色箭头为列车运行方向）

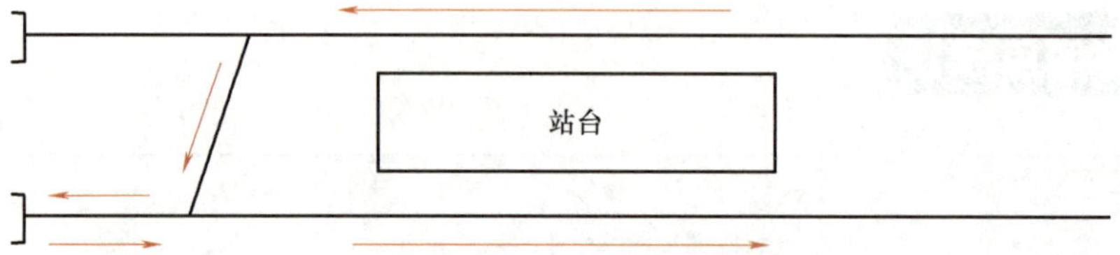

图 4-10　站后折返作业示意图（红色箭头为列车运行方向）

6. 原班折返

原班折返的到达司机与接车司机为同一司机。原班折返时，须按照到达司机与接车司机作业内容执行。

DTRO 折返（需有待令司机或副队长协助操作 DTRO）时，到达司机在列车停稳后，按“终点站 DTRO 折返程序”完成至关闭钥匙的程序，然后经通道门进入客室，快速到达后端司机室后，通知待令司机或副队长操作 DTRO。

人工折返（没有待令司机或副队长协助操作 DTRO）时：到达司机在列车停稳后，报行车调度员申请人工折返；列车关门后动车进折返线对标停稳后，按折返按钮（RM/NRM 模式不需要按压折返按钮），将方向手柄回“0”位，关主控钥匙，收齐行车用品后锁好通道门，快速换端，确认进路、信号、道岔正确后驾驶列车出折返线。

二、折返作业安全准则

1）严格遵守交接班制度，坚持“有车必有人”的原则。

2）原则上到达司机必须确认有人接车后才可进行折返作业，如因特殊原因无接车司机接车时，到达司机确认安全后先进行原班折返，同时立即通知派班员或轮值，后续听从相关负责人员安排。

3）列车到达终点站后，到达司机与接车司机通过司机室对讲进行交接，遇司机室对讲异常时，及时使用对讲机或手持电台等方式进行交接，并汇报行车调度员，后续做好交接。

4）接车司机开钥匙前，须先确认后端司机室钥匙已关、折返成功（点击信号屏查看确认）、进路信号开放或进路准备好、道岔位置正确，然后进行操作，特殊情况下（如因处理故障需要提前开启钥匙等）除外。

5）动车前，确认所有人员均在安全区域后，再次确认进路信号开放、道岔位置正确。

6）列车到达终点站并确认站台门、客室门打开后，返回司机室播放清客广播（遇自动广播故障时，使用人工广播）。接车司机上车后，待清客广播播放完毕，及时使用司机室对讲通知到达司机“接车司机已上车”。

7）到达司机站台作业时，时刻注意站台乘客情况，当有乘客进入列车时，及时提醒清客人员。

8）确认站务人员清客“好了”信号后，及时关闭站台门、客室门，以免乘客上车。

9）双司机值乘时，交接班程序由驾驶司机负责，监控司机不参与交接班，负责监控驾驶司机交接班作业。

10）折返交接时，交、接车司机均需查看确认列车状态卡情况，避免列车异常信息遗漏交接。

11）接车司机务必通过信号屏折返图标、折返指示灯等显示确认到达司机已关闭主控钥匙，才可激活接车端司机室。

三、折返作业流程

课堂笔记

折返作业流程详见表 4-19～表 4-22。

表 4-19 CTC 站后人工折返作业程序

接车司机	到达司机
1）在所接车次进站前到达站台尾端墙立岗接车 	2）列车到达终点站停稳，在到站台立岗位置确认车门、站台门打开后手指口呼：“站台门、车门打开”，进司机室播放清客广播 
3）站台门、车门打开后，从司机室侧门上车，通过通道门进入司机室，待到达司机播放清客广播完毕后，按压司机室对讲按钮报：“接车司机已上车”	4）确认接车司机上车，取出“客车状态记录卡”进行交接，交接用语：“××次，车况良好，运行正常”；如果列车有故障或行车调度员命令时，需交接清楚，并确认接车司机复诵内容正确

（续）

接车司机	到达司机
5）取出“客车状态记录卡”，查看故障记录，复诵到达司机交接内容 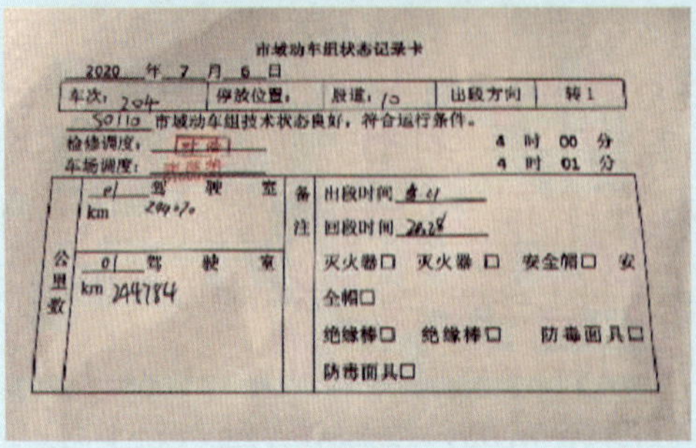 	6）确认站务人员清客完毕“好了”信号、信号机灭灯、道岔位置正确后，呼：“CTC 灭灯，关左/右门”，跨半步按压“关门”按钮关门，眼观空隙，站台门、车门关闭后，确认站台门关好绿灯亮，呼：“站台门关好”；确认“所有门关好”绿灯亮，呼“车门关好”
7）交接完毕后，打开通道门确认客室清客情况，确认无乘客滞留后进入驾驶室	8）到站台立岗位置确认无异常，跨半步确认空隙无夹人、夹物后，手指空隙呼：“空隙安全”
	9）确认信号机灭灯，手指信号机呼：“CTC 灭灯”；确认道岔位置开通正确，手指道岔呼：“道岔好”；确认信号屏上推荐速度已释放，手指信号屏呼：“推荐速度××”；确认 ATO 按钮灯闪烁，按压 ATO 启动列车
10）列车在折返线停稳后，确认前方站台列车已出清，信号机灭灯，道岔位置正确，按下司机室对讲机报：“CTC 灭灯，道岔好，可以折返关钥匙”	11）驾驶列车到达折返线对标停稳，收到接车司机通知可以关主控钥匙后关闭主控钥匙，按下司机室对讲按钮报：“折返成功，已关钥匙”
12）确认本端 AR 按钮绿灯常亮，信号屏折返图标变黄色，手指确认折返图、折返灯标常亮，复诵“折返成功，已关钥匙”，插上主控钥匙激活司机台	
13）确认信号机灭灯，手指信号机呼：“CTC 灭灯”；确认道岔位置开通正确，手指道岔呼：“道岔好”；手指信号屏确认推荐速度，呼：“推荐速度××”；确认 ATO 按钮灯闪烁，按压 ATO 启动列车	
14）驾驶列车在站台对标停稳，按站台作业程序进行作业	15）列车在站对标停稳，待站台门、车门打开后，从客室下车，通过 400MHz 通知列车司机：“到达司机已下车”，到换乘室待令

表 4-20　非 CTC 站后人工折返作业程序

接车司机	到达司机
1）在所接车次进站前到达尾端墙处立岗接车	2）列车到达终点站停稳，确认有开门按钮灯亮后打开司机室门，手动操作 PSL 盘打开站台门、打开车门
	3）站台门、车门打开后，到立岗位置手指口呼：“站台门、车门打开”，进司机室人工语音播放清客广播
4）站台门、车门打开后，从客室上车，通过通道门进入司机室，待到达司机播放清客广播完毕后按压司机室对讲按钮报：“接××次司机已上车”	5）确认接车司机上车，取出“客车状态记录卡”进行交接，交接用语：“××次，车况良好，运行正常”；如果列车有故障或行车调度员命令时，需交接清楚，并确认接车司机复诵内容正确

（续）

接车司机	到达司机
6）取出“客车状态记录卡”查看故障记录，复诵到达司机交接内容	7）确认站台无异常后，呼：“关左/右站台门”。操作 PSL 盘关闭站台门，确认站台门关好绿灯亮，呼：“站台门关好”；转身确认信号机开放后，呼：“绿/黄灯好，关左/右门”，跨半步按压“关门”按钮关门；眼观空隙，车门关闭后，确认驾驶室所有门关好绿灯亮，呼“车门关好”
8）交接完毕，打开通道门确认客室清客情况	9）到站台立岗位置确认无异常后，跨半步确认空隙无夹人、夹物，手指空隙呼：“空隙安全”
	10）进入司机室确认信号屏显示有绿色折返图标以及 AR 按钮绿灯闪烁，按压 AR 按钮，确认 AR 按钮绿灯常亮，信号屏折返图标变黄色（RM/NRM 模式无需按压折返按钮）
	11）确认信号机开放后，手指信号机呼：“绿/黄灯好”；确认道岔位置开通正确后，手指道岔呼：“道岔好”；按压“确认”按钮，确认信号屏上推荐速度已释放，手指信号屏呼：“推荐速度××”；确认 ATO 灯闪烁，按压 ATO 启动列车（RM/NRM 模式确认信号机开放后，手指信号机呼：“绿/黄灯好”；确认道岔位置开通正确后，手指道岔呼：“道岔好”，推主控手柄启动列车）
12）进折返线停稳后，确认前方站台列车已出清，信号机开放绿/黄灯，道岔位置正确，按下司机室对讲机报：“绿/黄灯好，道岔位置正确，可以关钥匙”	13）驾驶列车到达折返线对标停稳，收到接车司机通知可以关主控钥匙后关闭主控钥匙，按下司机室对讲按钮报：“已关钥匙，注意确认信号”
14）复诵后确认本端 AR 按钮绿灯常亮，信号屏折返图标显示黄色，插上主控钥匙激活司机台（RM/NRM 模式复诵后，插上主控钥匙激活本端司机台）	

表 4-21　CTC、ITC 站前人工折返作业程序

接车司机	到达司机
1）在所接车次进站前到站台端墙处接车位置立岗接车。待列车对标停稳后，与到达司机联控“接车司机准备上车”，待到达司机的回复后，打开司机室侧门进入司机室	2）列车对标停稳，确认信号屏折返图标绿色闪烁、AR 按钮闪烁，按压 AR 按钮直至图标变黄色、按钮灯常亮，关闭主控钥匙
3）进入司机室后，按下司机室对讲按钮报：“接××次司机已上车”	4）确认接车司机上车后，按下司机室对讲按钮报：“已关钥匙”
5）复诵到达司机“已关钥匙”，确认 AR 折返灯常亮，信号屏显示的折返图标为黄色后，插上主控钥匙，激活司机台，打开车门、站台门上下客	
7）确认车门、站台门打开后，进入司机室取出“客车状态记录卡”查看故障记录，复诵到达司机交接内容	6）确认车门、站台门打开后，取出“客车状态记录卡”进行交接，交接用语：“××次，车况良好，运行正常”；如果列车有故障或行车调度员命令时，需交接清楚，并确认接车司机复诵内容正确
9）确认显示屏正常显示后，到站台规定位置立岗观察站台乘客上、下车情况。收到到达司机报：“××次司机已下车”后复诵	8）带齐物品下车，锁闭好司机侧门，关闭好通道门，从客室下车，到达站台安全区域后用 400MHz 通知接车司机：“××次司机已下车”，到换乘室待令
10）乘客上、下车完毕后，按照列车运行图开车点、DTI 显示倒数 15s 左右，按站台作业程序关门动车	

课堂笔记

课堂笔记

表 4-22　站后 DTRO 折返作业程序

接车司机	到达司机
1）在所接车次进站前到站台尾端墙处立岗接车	2）列车对标停稳后，到站台立岗位置确认站台门、车门打开后，手指口呼："站台门、车门打开"，进司机室播放清客广播
3）站台门、车门打开后从客室上车，通过通道门（不开门列车从侧门进入）进入司机室，待到达司机播放清客广播完毕后按压司机室对讲按钮报："接××次司机已上车"	4）确认接车司机上车，取出"客车状态记录卡"进行交接，交接用语："××次，车况良好，运行正常"；如果列车有故障或行车调度员命令时，需交接清楚；遇司机室对讲故障时，采用400MHz进行交接，并确认接车司机复诵内容正确
5）取出"客车状态记录卡"查看故障记录，复诵到达司机交接内容。查看列车清客情况，车门关闭后通过 CCTV 查看到达司机的作业，发现异常时，及时用司机室对讲提醒（若对讲无效，及时用 400MHz 通知）	6）确认站务人员清客完毕"好了"信号、信号机灭灯、道岔位置正确后，呼："CTC 灭灯，关左/右门"；跨半步按压"关门"按钮关门，眼观空隙；站台门、车门关闭后，确认站台门关好绿灯亮，呼："站台门关好"；确认"所有门关好"绿灯亮，呼"车门关好"
	7）到站台立岗位置确认无异常；跨半步确认空隙无夹人、夹物后，手指空隙呼："空隙安全"
	8）确认信号屏显示绿色折返图标以及"折返"按钮绿灯闪烁；按压"折返"按钮；确认"折返"按钮绿灯常亮，信号屏折返图标变为黄色，将主控手柄、方向手柄回零位，关主控钥匙，用司机室对讲通知接车司机"折返成功、已关钥匙"

站后 DTRO 折返注意事项：

1. 到达司机部分

1）按压折返按钮后，确认折返图标黄色及 AR 灯常亮，才可关闭主控钥匙。如果钥匙卡滞，拔钥匙前需再次确认折返按钮及折返图标状态。不是正常显示时再次按压折返按钮

2）司机关门前需确认站台清客"好了"信号后才可关门，无需打开通道门确认清客情况

3）若列车在折返站清客完毕，关好门后，仍未收到折返信号（无自动折返图标），司机应报行车调度员采用 ATO 人工折返

4）按折返关钥匙下车锁好侧门后，口呼"DTRO 折返黄灯亮"；长按 DTRO 按钮后手指口呼"DTRO 折返绿灯亮"，待列车出清头端墙后离开到换乘室待令

5）交接班时，原则上使用司机室对讲交接。如果司机室对讲故障，则使用 400MHz 进行交接。确认有人接车后才可交车，避免接车司机未到位导致无人折返

6）如在折返站出现非 CTC 模式时，无法实现 DTRO 折返功能，此时报行车调度员按人工折返程序执行

7）DTI 倒数为零，如操作 DTRO 后超过 30s 仍无法动车时，司机的处理：

① 通知接车司机开主控钥匙，确认"已开钥匙"后才可进入驾驶室；通知接车司机关钥匙，并打开本端主控钥匙（联控用语："到达司机已上车，可以关钥匙"）。到达司机报行车调度员申请人工折返

② 司机开钥匙后，待收到车载信号按 ATO 人工折返程序执行

③ 出现 RM 对话框时，按压确认按钮，无法收到速度码，需要 RM 模式动车时必须报行车调度员，得到行车调度员授权后，确认信号开放黄灯后动车

④ 原班折返和回场车折返时，报行车调度员申请 ATO 人工折返

2. 接车司机部分

1）当列车开门时，从客室经通道门进入司机室；列车不开门时，从侧门进入司机室。不用手指口呼"车门、站台门打开"

2）接车司机必须打开通道门确认清客情况

3）接车司机上车后，严禁提前将主控钥匙插在钥匙孔内（待列车自动折返至站台停稳，确认气制动施加灯亮、折返灯亮后开钥匙），避免误操作导致折返失败。开钥匙等待车门自动打开，未自动打开时，按压开门按钮开门

4）出现折返失败，收到开钥匙的通知时，立即打开本端主控钥匙，破坏自动折返，并通知到达司机："已开钥匙"；接车司机必须确认到达司机上车后（到达司机通知："到达司机已上车，可以关钥匙"），才能关闭主控钥匙

（续）

接车司机	到达司机
5）列车以 DTRO 模式在进入折返线途中产生紧急制动或自动停车后，由接车司机报行车调度员，并换端开钥匙进行处理，严禁擅自后退运行 6）进入折返线对标停稳后，确认进路正确，满足动车条件后超过 30s 仍无法动车时，司机报行车调度员，打开主控钥匙，待列车收到车载信号后按压 ATO 启动列车；出现 RM 对话框并按压确认按钮后，按行车调度员指示执行（RM 模式动车前注意确认地面信号显示） 7）折返过程中司机发现速度异常或其他危及行车安全时，立即拍下紧急停车按钮并报告行车调度员 8）接车司机接到备用车司机上、下车时，要加强监控，有异常时，及时拍紧急停车按钮 9）确认列车停稳、开钥匙后，车门、站台门在 3s 以后没有自动打开时，司机按压开门按钮开门，报行车调度员 10）上车后，如果有物品遗漏，及时通知两端盯控司机处理，严禁擅自下车，造成人身伤害	

四、交接班作业

1）终点站折返时的交接：到达司机需等到接车司机上车后，才可进行交接，交接内容包括列车的技术状况、继续有效的行车命令以及其他有必要交接的内容。若遇设备故障、发生突发情况或在规定时间内未交接完毕的，应随车继续交接，直至处置和交接完毕。

2）停车库备用车的交接：司机在停车库内接车时，接车司机应与到达司机进行对口交接，交接内容包括电客车钥匙（图 4-11）、驾驶专用物品，还应对电客车进行检查和试验，了解列车的技术状况，一旦发现列车故障或车辆状况不符合出库要求的，应及时向信号楼值班员报告。

课堂笔记

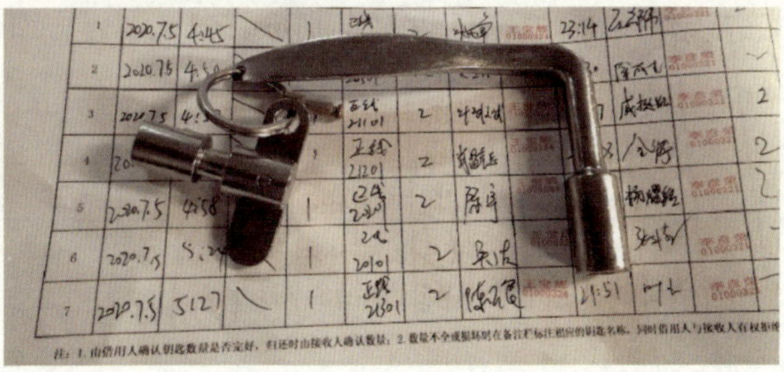

图 4-11　电客车钥匙

3）存车线备用车的交接：接车司机应跟车进、出存车线线路，必须步行进入的，接车司机应向行车调度员及车站车控室申请。按照面向来车方向通行路径，说明进出路线，得到其同意后才能下线路与备用车司机交接班；进入线路行走时，应尽量靠线路限界外侧行走，确保自身安全。

【信息收集】

一、我们的学习任务是什么？

____

____

____

课堂笔记

二、为顺利完成本学习任务，请按要求完成信息的收集。

1）任务实施的着装要求：______

2）简述折返的定义：______

3）简述折返的分类：______

______

4）4 种折返作业流程相应的名称：

______

5）站后 DTRO 折返作业程序中接车司机的工作内容：

______

______

______

______

6）站后 DTRO 折返作业程序中到达司机的工作内容：

______

______

______

______

【制订计划】

根据任务（此次选择：站后 DITO 折返作业）要求，制订详细的任务执行计划。

1）在表 4-23、表 4-24 中填写基础信息。

表 4-23 基础信息登记表一

类别	描述
所选用的折返作业流程	
完成本任务的计划时间/min	
小组成员完成本任务的计划时间/min	
小组成员完成本任务的得分要求（满分 100 分）	

表 4-24 基础信息登记表二

类别	描述
模拟驾驶设备型号	
所使用的线路名称	
选择该线路的行线（上行及下行）	
所需准备的其他材料（如行车备品、表格等）	

2）在表 4-25 中填写小组成员分工。

表 4-25　分工表

序号	组长	记录员	地铁司机（接车）	地铁司机（交车）	裁判

3）在表 4-26 内填写小组内各成员依次完成本任务的时间节点。

表 4-26　工作进度表

姓名（接车司机和到达司机）	时间节点（×时×分—×时×分）

【实施计划】

在教师的引导下，以小组为单位完成表 4-27 中有关本折返作业任务的内容及要求填写。每个小组推选出代表，扮演交接车司机角色，完整地进行本项目的实操过程。

课堂笔记

表 4-27　实施计划表（站后 DTRO 折返作业程序）

接车司机	到达司机
1）在所接车次进站前到________处立岗________	2）列车对标停稳后，到站台立岗位置确认站台门、车门打开后，手指口呼：“____________”，进司机室播放____________广播
3）站台门、车门打开后从____________上车，通过____________（不开门列车从____________进入）进入司机室，待到达司机播放清客广播完毕后按压司机室对讲按钮报：“____________”	4）确认接车司机上车，取出“____________”进行交接，交接用语：“____________”；如果列车有故障或____________时，需交接清楚；遇司机室对讲故障时，采用____________进行交接，并确认接车司机复诵内容正确
5）取出“客车状态记录卡”查看故障记录，复诵到达司机交接内容。查看列车清客情况，车门关闭后，通过____________查看到达司机的作业，发现异常时，及时用司机室对讲提醒（若对讲无效，及时用 400MHz 通知）	6）确认站务人员清客完毕“________”、信号机灭灯、道岔位置正确后，呼：“________”；跨半步按压“关门”按钮关门，眼观空隙，站台门、车门关闭后，确认站台门关好绿灯亮，呼：“____________”；确认“所有门关好”绿灯亮，呼“车____________”
	7）到站台立岗位置确认无异常；跨半步确认空隙无夹人、夹物后，手指空隙呼：“____________”
	8）确认信号屏显示____________折返图标以及“折返”按钮____________闪烁，按压“折返”按钮，确认“折返”按钮绿灯____________；信号屏折返图标变为____________，将主控手柄、方向手柄回____________位，关____________，用司机室对讲通知接车司机“____________”

【检查与控制】

课堂笔记

每个小组推选出代表，轮换扮演各角色成员，完成知识点的回答。各个小组的裁判员组成裁判员团队，对各角色成员进行打分，指定记录员对得分进行计算并记录到表 4-28、表 4-29 中。

表 4-28　评价记录表（接车司机）

序号	考核项目	考核内容及要求	配分	评分标准	得分	备注
1	着装	学生是否按要求进行着装	10 分	未按要求着全套工作制服，扣 5 分/项		
2	立岗	立岗位置、接车时间符合要求	10 分	未按要求执行，扣 5 分/项		
3	联控	联控时机、联控用语均正确	10 分	未按要求执行，扣 5 分/项		
4	交接	交接内容复诵及时、完整、正确；及时查看客室清客和另一端司机室作业情况	10 分	未按要求执行，扣 5 分/项		
5	动车前确认	列车动车出站前确认推荐速度、地面信号显示、道岔位置，并进行呼唤应答	10 分	未确认或者遗漏确认，本项不得分		
6	驾驶模式	驾驶模式的操纵方法得当	10 分	未确认或者遗漏确认，本项不得分		
7	呼唤应答用语	区间运行中，地面信号、道岔、站名标、进站过程等的呼唤应答	10 分	未按要求执行，扣 5 分/项		
8	坐姿	坐姿符合要求	5 分	未按要求执行，扣 5 分/项		
9	对标停车	对标将列车停在±50cm 位置	15 分	未在要求范围内，本项不得分		
10	正点	用时符合规定的区间运行用时	10 分	未在要求范围内，本项不得分		
总分 100 分						

表 4-29　评价记录表（到达司机）

序号	考核项目	考核内容及要求	配分	评分标准	得分	备注
1	着装	学生是否按要求进行着装	10 分	未按要求着制服，扣 5 分/项		
2	对标、开门、清客	对标在标准范围内、正确开门，及时清客	20 分	未按要求执行，扣 5 分/项		
3	联控	联控时机、联控用语均正确	10 分	未按要求执行，扣 5 分/项		

（续）

序号	考核项目	考核内容及要求	配分	评分标准	得分	备注
4	交接	交接内容复诵及时、完整、正确；	15 分	未按要求执行，扣 5 分/项		
5	关客室门	规范的进行关门作业	20 分	未确认或者遗漏确认，本项不得分		
6	空隙确认	规范的进行空隙确认	10 分	未确认或者遗漏确认，本项不得分		
7	折返操作	规范的进行折返操作	10 分	未按要求执行，扣 5 分/项		
8	坐姿	坐姿符合要求	5 分	未按要求执行本项不得分		
总分 100 分						

【评价反馈】

1. 自我评价（表 4-30）

表 4-30　自我评价表

我做得好的地方	我还存在这些方面的问题
□ 动作准确	□ 动作不到位
□ 手指眼看口呼规范	□ 手指眼看口呼不规范
□ 作业流程熟悉	□ 作业流程不熟悉
□ 着装符合要求	□ 着装不符合要求
□ 操作用时合理	□ 操作用时过长
□ 工作态度端正	□ 工作态度不够端正

2. 小组评价

我们组做到了：□ 全员参与　□ 分工明确　□ 工作高效　□ 完成了工作任务

3. 教师评价（表 4-31）

表 4-31　教师评价表

评价内容	评价指标	等次（星级评定）
活动态度方面	1）态度是否积极，是否主动组织或参与活动 2）与小组同学合作是否良好 3）活动是否认真、善始善终 4）是否勇于克服困难	☆☆☆☆☆
知识技能方面	1）查阅资料技能 2）实地观察记录能力 3）理论联系实际的应用能力 4）整理材料能力	☆☆☆☆☆

课堂笔记

【知识巩固】

课堂笔记

一、填空题

1. 无线移动闭塞组织行车时，正线进路防护信号机无显示（处于灭灯状态），列车凭____________运行。

2. 折返按列车途经的径路不同，分为站前折返和____________折返；按折返方式的不同，分为人工折返和____________折返。

3. 严格遵守交接班制度，坚持“____________”的原则。

4. 列车到达终点站确认站台门、客室门打开后，返回司机室播放____________广播（自动广播故障时，使用人工广播）。接车司机上车后，待清客广播播放完毕，及时使用司机室对讲通知到达司机“____________”。

5. 确认站务人员清客“____________”信号后，及时关闭站台门、客室门，以免乘客上车。

二、判断题

1. 双司机值乘时，交接班程序由监控司机负责，驾驶司机不参与交接班。（　　）

2. 折返交接时，接车司机只需查看确认列车状态卡情况即可，以避免列车异常信息遗漏交接。（　　）

3. 接车司机不必确认到达司机关闭主控钥匙，只要进入司机室后，即可激活接车端司机室。（　　）

三、选择题

1. CTC 站后人工折返作业程序中，到达司机清客完毕，开往折返线的过程中，所采用的驾驶模式是（　　）。

A. SM　　B. RM　　C. NRM　　D. ATO

2. CTC 站后人工折返作业程序中，列车折返后在始发站台对标停稳，待站台门、车门打开后，到达司机从（　　）下车。

A. 到达端司机室侧门　　B. 客室车门
C. 接车端司机室侧门　　D. 都可以

3. 清客过程中，由（　　）打开通道门确认清客情况。

A. 接车司机　　B. 到达司机
C. 任何一人都可以　　D. 接车司机和到达司机共同

延伸阅读

地铁列车司机们，每天在正线运行作业中手指道岔、对位标、车门、站台门、信号等千余次，口呼道岔好、某某站到、注意进站、车门开启、站台门开启、开左/右门等约数千次……每一次他们都一丝不苟，每一次他们都争取做到最好。因为他们内心深深地明白：手柄轻四两，责任重千斤！

在小小的驾驶室里，他们都默默奉献且无怨言。他们没有像常人一样的作息时间，没有所谓的节假日，即使春节过年依然坚守岗位，执着追寻着自己的梦想，为每一位乘客的出行保驾护航！

学而思

地铁司机有他的责任和使命，请谈一谈作为一名轨道类专业的学生被赋予了怎样的使命？

课堂笔记

项目五 其他作业

05

城市轨道交通列车除了库内及正线作业外还有其他一些作业，如调车、调试及救援等作业。这些作业过程中如果违反作业程序及安全规定要求，有可能发生行车事故，危及行车安全，造成不可估量的生命与财产损失。其他作业详情如下。

任务一　洗车作业

任务二　调车作业

任务三　调试作业

任务四　列车救援——故障列车作业流程

任务五　列车救援——救援列车作业流程

课堂笔记

任务一 洗车作业

【任务导入】

私家车会送到洗车店做清洁，同样地铁公司也会定期对地铁列车的车体外部进行清洁——洗车作业。该作业任务一方面能保持列车的清洁、美观，提升服务质量；另一方面，也是最重要的方面就是能清除车体前端风窗玻璃上的污物，以免影响司机的视线，对行车安全造成影响。给地铁“洗澡”很重要，那到底应该怎么给它洗呢?

【学习目标】

目标名称	目标内容
知识目标	掌握洗车作业中的各种规定、要求及安全措施★
技能目标	能熟练说出洗车作业的基本规定、要求及各项安全卡控措施◆
	能发现并评价他人在洗车流程及安全卡控执行规程中存在的问题

注：◆ 代表学习难点；★ 代表学习重点。

【知识准备】

一、基本定义

1. 洗车作业组织方式

列车洗车作业按组织方式分为正线回段列车洗车作业和段内列车洗车作业。

正线回段列车洗车作业时，列车凭信号楼值班员指令由转换轨直接运行至洗车线。

段内列车洗车作业时，列车凭信号楼值班员指令经牵出线或转换轨换端后运行至洗车线。

2. 洗车作业作业方式

列车洗车作业按作业方式分为无端洗和有端洗两种。

无端洗也称为侧洗，指的是只进行列车侧身清洗，一般洗车期间不停车，一次洗车完毕。

有端洗也称为全洗，指的是进行列车侧身清洗和Ⅰ、Ⅱ端头部清洗。Ⅰ、Ⅱ端头部清洗时，司机均需驾驶列车在规定端洗位置对标停车，进行头端洗车。有端洗的洗车过程中需两次停车。

二、车辆段洗车作业的流程（图 5-1）

1）正线回车辆段列车在转换轨Ⅰ/Ⅱ道入段信号机（JD1/JD2）前一度停车后，联系信号楼值班员后得知需要洗车时，与信号楼值班员确认洗车方式（全洗/侧洗）后，凭入段信号机（JD1/JD2）开放黄灯及信号楼动车指令（图 5-2）动车进入洗车线。

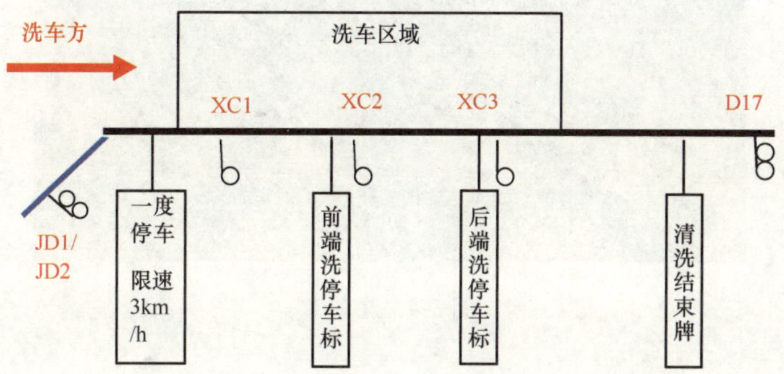

图 5-1 洗车作业示意图（有端洗）

2）列车进入洗车线后在“一度停车限速 3km/h”标志牌（图 5-3）前一度停车，与洗车控制室联控，确认洗车方式（全洗/侧洗）后凭洗车控制室人员的可以洗车通知及 XC1 洗车信号机开放绿灯后（列车需进行端洗时，XC2、XC3 洗车信号机均为红灯），将洗车开关旋转至“洗车”位，限速 3km/h 驾驶列车进入洗车区域。当列车接近“前端洗”停车标志时，XC2 信号机显示黄灯，做好停车准备。对标停稳列车后，XC2 信号机由黄灯变为红灯，将方向手柄回“零”位进行前端刷洗工作。

图 5-2 入段信号

图 5-3 洗车库前一度停车牌

3）洗车过程中严禁使用刮水器，全洗作业时，列车对标不准、未到标或越过停车标时，禁止再次动车对标。洗车机工作移动时，如果司机长时间盯着停车标志

课堂笔记

课堂笔记

或洗车机，容易产生列车向后溜动的感觉，此时司机应及时改变参照物，如看进路前方或洗车库（图 5-4）等，判断列车是否真正溜动，避免误操作造成洗车失败。

图 5-4　洗车库

4）当列车接近“后端洗”停车标志时，XC3 信号机显示黄灯（图 5-5），做好停车准备。对标停稳列车后，XC3 信号机由黄灯变为红灯，将方向手柄回“零”位进行后端刷洗工作。

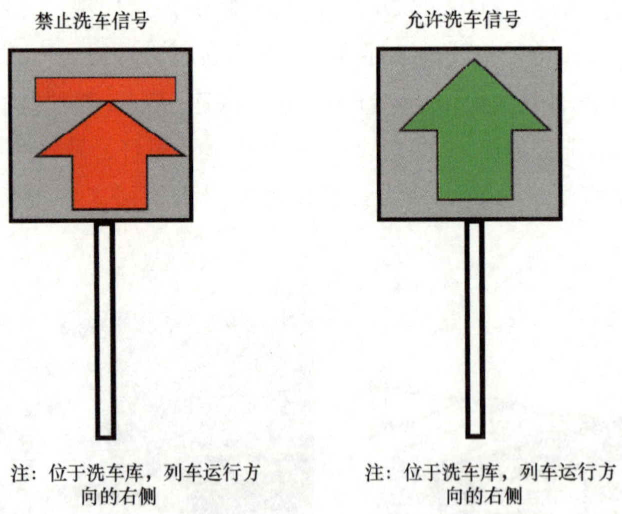

图 5-5　库内洗车信号机

5）后端刷洗结束后，XC3 洗车信号机由红灯变绿灯，司机驾驶列车以 3km/h 速度向前运行，运行至“清洗结束”标志牌一度停车（距离“清洗结束”标志牌 1 米前停车），将洗车开关旋转至“0”位。洗车机作业人员通知司机洗车作业结束，司机复诵。

6）司机联系信号楼值班员，请求回库进路；信号楼值班员在得到通知后排列回库进路，排列好后通知司机动车；司机听到动车指令后复诵，确认调车信号机显示白色灯光、道岔开通好，鸣笛动车回库。

7）若列车进行侧洗作业，司机确认 XC1、XC2、XC3 号洗车信号机开放绿灯后，驾驶列车进入洗车区域，运行至 XC2 信号机前对标停车，确认洗车机端洗毛刷位置正常后，凭 XC2、XC3 洗车信号机开放绿灯后继续运行至“清洗结束牌”标志牌对标停车，将洗车开关旋转至“0”位，报信号楼值班员及洗车控制室。

三、联控用语及手指眼看口呼用语（表 5-1）

表 5-1　洗车作业联控用语及手指眼看口呼用语

呼叫时机	司机	信号楼值班员	洗车控制室人员	司机口呼用语
列车洗车	1. ××次××车在转换轨××道停稳 3. ××次××车转换轨××道往洗车线入段信号黄灯好，进行全洗/侧洗作业，司机可以动车	2. ××次××车在转换轨××道停稳，转换轨××道往洗车线入段信号黄灯好，进行全洗/侧洗作业，司机可以动车		
准备洗车（限速 3km/h 标志牌前）	1. ××车在洗车机前停稳，准备洗车 3. ××车司机凭洗车信号绿灯动车，进行全洗/侧洗作业，司机明白		2. ××车在洗车机前停稳，准备洗车，××车司机凭洗车信号绿灯动车，进行全洗/侧洗作业	一度停车 绿灯
洗车完毕（洗车线清洗结束牌）	1. 洗车控制室，××车在洗车线清洗结束牌对标停稳 3. ××车洗车完毕，司机收到 4. 信号楼，××车在洗车线清洗结束牌对标停稳 6. ××车洗车线往检修库××道调车信号白灯好，司机可以动车	5. ××车在洗车线清洗结束牌停稳，信号楼收到。洗车线往检修库××道调车信号白灯好，司机可以动车	2. 洗车控制室有，××车司机洗车完毕	对标停车

四、洗车作业注意事项

1）洗车过程中，应保持雨刮器选择开关处于洗车位，并确认雨刮器停在车窗中央，洗车过程中严禁使用雨刮器。

2）列车进入洗车区域限速 3km/h 运行，洗车过程中原则上列车不得后退；特殊情况需后退时，须经洗车机值班人员、信号楼值班员、车场调度员同意。

3）洗车作业时，司机应时刻注意前方洗车设备状态，并加强与信号楼值班员、洗车机工作人员的联系。

4）正线电客车回场需洗车时，由回场司机配合完成洗车作业；电客车在车场内需洗车时，由派班员安排人员配合完成洗车作业。

5）信号设备正常的情况下，司机凭信号机的显示进行洗车，信号设备故障时

课堂笔记

课堂笔记

禁止进行洗车作业。

6）在前端洗或后端洗时，若司机停车对位不准确会有蜂鸣器报警声，此时不得进行端洗操作，司机应与洗车机值班人员联系，调整车位进行端洗或直接将车开走。

7）在洗车过程中，司机停车应以司机右肩对准停车标牌为准，开车应以指示灯的状态为准。

8）在D17前停车联系好信号楼值班员后，确认信号、道岔动车，列车越过清洗作业结束牌后恢复正常速度。

9）全洗作业时，列车对标不准、未到标或越过停车标时，禁止再次动车对标。

10）洗车机工作移动时，如果司机长时间盯着停车标识或洗车机，容易产生列车向后溜动的感觉，应及时改变参照物，如看进路前方或洗车库等，判断列车是否真正溜动，避免误操作造成洗车失败。

【信息收集】

一、我们的学习任务是什么？

____

____

____

二、为顺利完成本学习任务，请按要求完成信息的收集。

1）列车洗车作业按组织方式分类：______________________________

2）正线回段列车洗车作业定义：______________________________

3）列车洗车作业按作业方式分类：______________________________

4）什么是有端洗：______________________________

【制订计划】

根据洗车作业任务要求，制订详细的任务执行计划。

1）在表5-2、表5-3中填写基础信息。

表5-2　基础信息登记表一

类别	描述
所选用洗车作业的组织方式	
所选的洗车作业的作业方式	
完成本任务的计划时间/min	
小组成员完成本任务的计划时间/min	
小组成员完成本任务的得分要求（满分100分）	

表 5-3 基础信息登记表二

类别	描述
模拟驾驶设备型号	
所使用的车辆段名称	
所需准备的其他材料（如行车备品）	

2）在表 5-4 中填写小组任务分工。

表 5-4 分工表

序号	组长	记录员	司机	洗车控制室	信号楼值班员	裁判

3）在表 5-5 内填写小组各成员依次完成本任务的时间节点。

表 5-5 工作进度表

姓名（司机、信号楼、洗车控制室）	时间节点（×时×分—×时×分）

课堂笔记

【实施计划】

在教师的引导下，以小组为单位完成下面有关本洗车作业任务的内容及要求填写。每个小组推选出代表，扮演交接车司机角色，完整地进行本项目的实操过程。

1. 确定洗车方式

正线回车辆段列车在转换轨Ⅰ/Ⅱ道入段信号机（JD1/JD2）前一度停车后，联系信号楼值班员后得知需要洗车时，与信号楼值班员确认洗车方式____________，凭入段信号机（JD1/JD2）开放____________及信号楼动车指令动车进入洗车线。

2. 前端洗和侧洗

列车进入洗车线后在“____________”标志牌前一度停车，与洗车控制室联控，确认洗车方式（全洗/侧洗）后凭洗车控制室人员的可以洗车通知及 XC1 洗车信号机开放____________后（列车需进行端洗时，XC2、XC3 洗车信号机均为____________），将洗车开关旋转至“____________”位，限速____________ km/h 驾驶列车进入洗车区域。当列车接近“前端洗”停车标志时，XC2 信号机显示____________，做好停车准备。对标停稳列车后，XC2 信号机由____________变为

__________，将方向手柄回“零”位进行前端刷洗工作。

3. 后端洗

当列车接近“后端洗”停车标志时，XC3 信号机显示__________，做好停车准备。对标停稳列车后，XC3 信号机由黄灯变为__________，将方向手柄回“__________”位进行后端刷洗工作。

4. 清洗结束

后端刷洗结束后，XC3 洗车信号机由红灯变绿灯，司机驾驶列车以__________速度向前运行，运行至“__________”标志牌一度停车（距离“清洗结束”标志牌__________米前停车），将洗车开关旋转至“__________”位。洗车机作业人员联控司机，确认洗车作业结束。司机联系__________，请求__________进路；信号楼值班员排列好后通知司机动车；司机听到动车指令后复诵，确认调车信号机显示__________灯光、__________开通好，__________动车回库。

5. 侧洗

若列车进行侧洗作业，司机确认__________号洗车信号机开放绿灯后，驾驶列车进入洗车区域，运行至__________信号机前对标停车，确认洗车机端洗毛刷位置正常后，凭 XC2、XC3 洗车信号机开放绿灯后继续运行至“__________”标志牌对标停车，将洗车开关旋转至“__________”位，报洗车控制室及信号楼。

【检查与控制】

每个小组推选出代表，轮换扮演各角色成员，完成知识点的回答。各个小组的裁判员组成裁判员团队，对各角色成员进行打分，指定记录员对得分进行计算并记入表 5-6 中。

表 5-6　检查评价记录表

序号	考核项目	考核内容及要求	配分	评分标准	得分	备注
1	着装	学生是否按要求进行着装	10 分	未按要求着全套工作制服扣 5 分/项		
2	确认洗车方式	在规定地点停车联控，确认洗车方式	10 分	未按要求执行扣 5 分/项		
3	前端洗	在规定地铁停车联控，并按要求进行洗车有关操作，限速 3km/h	15 分	未按要求执行扣 5 分/项		
4	侧洗及后端洗	在规定地铁停车联控，并按要求进行洗车有关操作，限速 3km/h	15 分	未按要求执行扣 5 分/项		
5	洗车结束	在规定地铁停车联控，并按要求进行洗车有关操作，限速 3km/h	15 分	未按要求执行扣 5 分/项		
6	驾驶模式	驾驶模式的操纵方法得当	10 分	未确认或者遗漏确认，本项不得分		

（续）

序号	考核项目	考核内容及要求	配分	评分标准	得分	备注
7	手指眼看口呼	区间运行中地面信号、道岔、站名标、洗车过程等的手指眼看口呼	10分	未按要求执行扣5分/项		
8	坐姿	坐姿符合要求	5分	未按要求执行扣5分/项		
9	对标停车	对标将列车停在±50cm以内	10分	未在要求范围内，本项不得分		
总分100分						

【评价反馈】

1. 自我评价（表5-7）

表5-7 自我评价表

我做得好的地方	我还存在这些方面的问题
□ 动作准确	□ 动作不到位
□ 手指眼看口呼规范	□ 手指眼看口呼不规范
□ 作业流程熟悉	□ 作业流程不熟悉
□ 着装符合要求	□ 着装不符合要求
□ 操作用时合理	□ 操作用时过长
□ 工作态度端正	□ 工作态度不够端正

2. 小组评价

我们组做到了：□ 全员参与 □ 分工明确 □ 工作高效 □ 完成了工作任务

3. 教师评价（表5-8）

表5-8 教师评价表

评价内容	评价指标	等次（星级评定）
活动态度方面	1）态度是否积极，是否主动组织或参与活动 2）与小组同学合作是否良好 3）活动是否认真、善始善终 4）是否勇于克服困难	☆☆☆☆☆
知识技能方面	1）查阅资料技能 2）实地观察记录能力 3）理论联系实际的应用能力 4）整理材料能力	☆☆☆☆☆

课堂笔记

【知识巩固】

一、填空题

1. 列车洗车作业按组织方式分为__________洗车作业和段内列车洗车作业。

课堂笔记

2. 正线回段列车洗车作业时，列车凭车场值班员指令由____________直接运行至洗车线。

3. 洗车作业按作业方式分为无端洗和____________两种。

4. 有端洗也称为全洗，指的是进行列车侧身清洗和____________清洗。

5. 洗车过程中，应保持雨刮器选择开关处于洗车位，并确认雨刮器停止在车窗____________。

二、判断题

1. 无端洗也称为侧洗，指的是只进行列车侧身清洗，一般洗车期间需要停车。（　　）

2. 洗车过程中，司机可根据具体情况自行决定前进或者后退。（　　）

3. 前端洗或后端洗时，司机停车对位不准确时可直接行端洗操作。（　　）

三、选择题

1. 列车进入洗车区域限速（　　）km/h 运行。

A. 3　　B. 5　　C. 10　　D. 20

2. 凭洗车控制室人员的可以洗车通知及 XC1 洗车信号机开放（　　）灯后（列车需进行端洗时，XC2、XC3 洗车信号机均为红灯），将洗车开关旋转至“洗车”位，限速 3km/h 驾驶列车进入洗车区域。

A. 黄灯　　B. 绿灯　　C. 红灯　　D. 灭灯

3. 当列车接近“后端洗”停车标志时，（　　）信号机显示黄灯，做好停车准备。

A. XC1　　B. XC2　　C. XC3　　D. JD1/JD2

任务二 调车作业

【任务导入】

某地铁车辆段段内要用有动力的机车从13道去15道，将故障车从15道的尽头线连挂后送至检修库1道A段，你将如何完成该调车作业任务呢？

【学习目标】

目标名称	目标内容
知识目标	掌握调车作业中的各种规定、要求及安全措施★
技能目标	能熟练说出调车作业的基本规定及各项安全卡控措施◆
	能发现并评价他人在调车流程及安全卡控执行规程中存在的问题

注：◆ 代表学习难点；★ 代表学习重点。

课堂笔记

【知识准备】

一、基本定义

调车作业是指在地铁运输生产过程中，为解体、编组列车，摘挂、转场、调移、取送车辆以及机车车辆的对位、转线等而使机车车辆在车场、站线或其他线路上有目的移动的作业，它是行车工作的基本内容之一。

二、调车作业的基本规定

1）调车工作必须贯彻统一领导、单一指挥的原则。车场调车工作由DCC车场调度员统一领导，车站调车工作由车站值班员统一领导，调车作业由调车长单一指挥。

2）调车工作应按照调车作业有关技术要求及调车作业计划进行。参加调车作业的人员应按规定着装，穿戴好防护用品，认真执行作业标准，保证调车有关人员的人身安全及行车安全。

3）调车作业方法仅限牵引、推进调车，禁止溜放、手推法调车。

4）遇特殊情况需要越出车场范围调车或调车作业对正线及其辅助线有影响时，

课堂笔记

须取得行车调度员的同意，行车指挥权在车站时应取得车站的同意。

5）执行“干一钩划一钩”的规定要求。

三、调车计划的编制、传达和变更

1）除封锁作业区域内行车计划由施工负责人直接提出外，其他情况的调车作业计划由调车领导人（车场由车场调度员，车站由车站值班员）正确、及时地编制、布置。

2）正线及其辅助线调车、出回场调车、场内救援的调车计划以口头形式传达，一批计划或变更计划不超过三钩时，可以口头方式布置。变更作业超过三钩时，须收回原计划，重新出具书面计划，以确保计划准确。

3）调车领导人与调车指挥人必须亲自交接计划。调车指挥人应根据调车作业计划制订具体作业方法，连同注意事项，亲自向司机交递和传达，确认有关人员均已了解调车作业计划后，才可开始作业。

4）传达调车计划时，有关人员必须复诵；变更调车计划时，必须停车传达。

5）调车作业前，有关作业人员必须核对计划，确认运行进路，检查线路、道岔、停留车及防溜措施等情况，确认通信设备、信号灯显、铁鞋等相关行车用品齐备且状态良好。

四、调车信号的显示及进路确认

1）调车作业必须按照调车信号机和调车手信号的显示要求进行。没有信号时不准动车，信号不清或中断时立即停车。调车作业时，调车长必须正确、及时地显示信号，司机要认真确认信号并鸣笛回示。没有回示时，应立即显示停车手信号。

2）调车信号机开放后，需要取消时，信号楼值班员应通知司机或调车长，在得到应答及确认列车停车或未动车后，才可关闭信号机。

3）单机或牵引运行时，前方进路的确认由司机负责。

4）推进运行时，前方进路的确认由调车长负责。

五、连挂的规定

1）连挂车辆时，调车长必须显示连挂信号和三、二、一车的距离信号（一车距离以 20m 为标准，依次类推），没有显示三、二、一车距离信号和连挂信号时不准挂车。单机连挂车辆不需显示三、二、一车距离信号。

2）距离被连挂车辆 10m 时，应一度停车，调车长确认被连挂车辆无作业防护标志，车上、车下无人作业，无侵限的障碍物，两车车钩状态及被连挂车辆防溜良好后，才可指挥司机按公司规定限速（3km/h）连挂车辆。连挂后的车辆要先试拉，连接风管后才可起动。

3）电力机车、动车组在有接触网终点（图 5-6）的线路上调车时，应控制速度，距接触网终点应有 10m 的安全距离；遇特殊情况必须近于 10m 时，要严格控制速度。

4）连挂时，若末端车辆距警冲标较近，应采取安全措施。

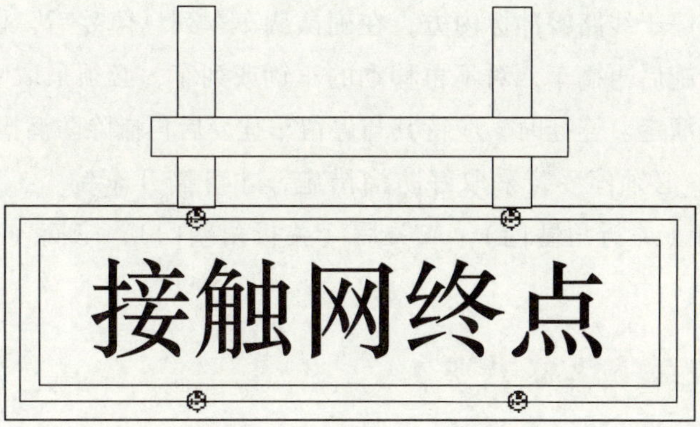

图 5-6　接触网终点标识

5）车场内道岔区段及其他 300m 以下曲线半径线路，原则上不得进行电客车连挂作业。特殊情况下需进行连挂作业时，须确认钩位，如果车钩不能达到对中范围的要求，须进行手动调整。在 150m 曲线半径的线路上连挂时，须有车辆专业人员在现场进行技术指导，否则禁止连挂作业。

6）若为工程车连挂列车车组调车作业，试拉前需由能胜任的人员确认列车车组车钩已连挂到位，符合技术要求；由工程车司机确认工程车车钩、过渡车钩已连挂到位，符合技术要求。

六、调车安全注意事项

1）不准调动挂有禁止开动的任何标志牌（或红闪灯）的车辆或列车（图 5-7）。

图 5-7　挂有红闪灯的车辆或列车

2）在段场内，两组车组或列车不能同时在同一条线路内对向移动，必须等候其中一组车组或列车停车后，另一组车组或列车才能移动。

3）电客车、工程车在段场内通过平交道口及库门前，司机应一度停车，瞭望平交道口是否有障碍物或行人，库门是否完全打开，确认安全后才可通过平交道口或进出库门。

课堂笔记

课堂笔记

4）调动车辆或列车前，要先检查线路及车辆和撤除防溜措施。调车作业时，应将车辆或列车停于线路警冲标内方，在确认调车车列已停妥后，做到摘车时先做好有效的防溜措施后再摘车，对不再移动的车辆或列车，必须采取防溜措施，防止车辆或列车自行溜走。连挂时，应待其与停留车挂妥后再撤除防溜措施。

5）摘车时，必须停妥，采取好防溜措施，才可摘开车钩。工程车拆风管时，应做到“一关前（关折角塞门），二关后（关折角塞门），三摘（摘风管）风管，四提钩”。

七、劳动安全注意事项

1）原则上不允许在轨行区上、下机车车辆，如果因突发状况、施工要求等情况，作业人员须在轨行区停车时，选好地点，注意地面障碍物，确认安全后才可上、下机车车辆。

2）调车员应走两线路之间显示手信号并注意邻线的机车车辆，严禁在道心、枕木头上行走。

3）过平交道口时，应一停、二看、三通过，注意左、右机车车辆的动态及脚下有无障碍物。

4）严禁在运行中的机车车辆前面抢越。

5）不准在钢轨上、车底下、枕木头、道心里坐卧或站立，且不准跨越地沟。

八、禁止调车作业的情况

1）设备或障碍物侵入线路限界时。

2）禁止两列列车（工程车）在同一条股道上同时移动。

3）不具备安全动车条件时。

4）其他具有安全隐患的调车作业。

九、调车允许速度（仅供参考，以各地铁公司规定为准）

调车作业要准确掌握速度（表5-9），遇瞭望条件差、天气不良等非常情况时应适当降低速度。

表5-9　调车运行速度表

序号	项目	速度/(km/h)	说明
1	段场内空线牵引运行	25	
2	段场内空线推进运行	15	
3	调动装载超长货物的车辆	10	
4	在尽头线调车时	10	距车挡近于10m时，限速3km/h
5	在停车库内及维修线时	5	
6	对货位时	5	
7	接近被连挂的车辆时	5	距被连挂车辆近于3m时，限速3km/h

十、调车计划的编制要求

1）根据附有站场示意图的调车作业通知单编制调车计划。

2）对股道停留车距股道两端终点的距离标示清楚。

3）对接触网终点、无电区、特殊地点限速值标明清楚。

4）安全注意事项。

【信息收集】

一、我们的学习任务是什么？

____

____

____

____

二、为顺利完成本学习任务，请按要求完成信息的收集。

1）调车作业的基本规定：______________

2）调车计划的编制、传达和变更要求：______________

3）调车信号的显示及进路确认要求：______________

4）连挂的规定要求：______________

5）禁止调车作业要求：______________

6）调车允许速度：______________

7）调车安全注意事项：______________

8）劳动安全注意事项：______________

课堂笔记

【制订计划】

根据任务要求，对小组成员按车场调度员、车站值班员、调车长、司机进行合理分工。如果在车站调车作业，由车站值班员当裁判；如在车场调车作业，由车场调度员当裁判。根据各自的职责范围制订详细的任务执行计划。

1）在表 5-10、表 5-11 中填写基础信息。

表 5-10　基础信息登记表一

类别	描述
完成本任务的计划时间/min	
小组成员完成本任务的计划时间/min	
小组成员完成本任务的得分要求（满分 100 分）	

2）在表 5-12 中填写小组分工。

课堂笔记

表 5-11　基础信息登记表二

类别	描述
模拟驾驶设备型号	
所使用的车辆段名称	
所需准备的其他材料（如调车作业备品）	

表 5-12　分工表

序号	司机	车场调度员	车站值班员	调车长（调车员）	组长	记录员	裁判

【实施计划】

步骤 1：调车作业的基本要求及调车计划的编制、传达、变更。

在教师的引导下，以小组为单位学习知识准备中的“二”“三”和“十”相关知识，回答下列问题。

1. 调车作业有哪些基本要求？

2. 调车计划由谁编制？编制的基本要求是什么？

3. 调车计划的传达及变更调车计划的规定有哪些？

4. 车场调度员、车站值班员如何根据工作任务编制调车作业计划单？

小组成员结合本岗位职责，进行本步骤的示范展示，裁判员进行内部点评，其他组员进行协助。

步骤 2：调车信号的显示及进路确认，调车作业连挂要求。

在教师的引导下，以小组为单位学习知识准备中的“四”“五”相关知识，回答下列问题。

1. 调车长显示调车信号有什么要求？

2. 司机确认信号有什么要求？

3. 取消调车信号的程序是什么？

4. 单机或牵引运行时前方进路的由谁确认？

______

5. 推进运行时前方进路由谁确认？

______

6. 连挂前，调车长应注意些什么？

______

7. 电力机车、动车组在有接触网终点的线路上调车作业连挂时以及末端车辆距警冲标较近时，应注意些什么？

______

8. 300m 以下及 150m 曲线半径的连挂要求是什么？

______

9. 工程车连挂列车车组调车作业时车钩的确认要求是什么？

______

10. 调车作业速度及连挂速度控制要求是什么？

______

小组成员结合本岗位职责，进行本步骤的示范展示，裁判员进行内部点评，其他组员进行协助。

步骤 3：调车作业安全、劳动安全注意事项、禁止调车作业情况及调车作业速度控制要求。

在教师的引导下，以小组为单位学习知识准备中的“六”“七”“八”“九”相关知识，回答下列问题。

课堂笔记

1. 机车车辆在哪些情况下不能调动？

______

2. 通过平交道口及库门前，司机、调车长应注意什么？

______

3. 调车作业中防溜措施有哪些？

______

4. 摘车应注意什么？

______

5. 调车作业中，上、下车辆的注意事项有哪些？

______

6. 调车员显示信号地点及在下部走行时的要求是什么？

______

7. 哪些情况下禁止调车作业？

______

8. 调车作业允许速度是多少？

______

小组成员结合本岗位职责，进行本步骤的示范展示，裁判员进行内部点评，其他组员进行协助。

【检查与控制】

课堂笔记

每个小组推选出代表，轮换扮演各角色成员，完成知识点的回答。各个小组的裁判员组成裁判员团队，对各角色成员进行打分，指定记录员对得分进行计算并记录在表 5-13 中。

表 5-13　检查评价记录表

序号	考核项目	考核内容及要求	配分	评分标准	得分	备注
步骤 1　制订计划						
1	调车作业有哪些基本要求	① 调车工作的指挥原则	40 分	每小项 10 分，根据回答内容是否完善酌情减分		
		② 调车工作人员的基本要求				
		③ 调车作业方法				
		④ 遇特殊情况需要越出车场范围调车或调车作业对正线及其辅助线有影响相关要求				
2	调车计划编制的基本要求	① 调车计划由谁编制	25 分	①小项 5 分，②小项 20 分，根据回答内容是否完善酌情减分		
		② 调车计划编制的要求				
3	调车计划的传达及变更调车计划的规定	① 调车领导人与调车指挥人与司机调车计划交接要求	15 分	①、②、③每小项各 5 分，根据回答内容是否完善酌情减分		
		② 调车计划的变更规定				
		③ 调车计划的核对				
4	根据工作任务编制调车作业计划单	① 调车作业站单附有站场相关线路示意图	20 分	②、③每小项各 10 分，根据调车计划单编制是否完善酌情减分		
		② 调车进出股道				
		③ 安全注意事项				
总分 100 分						
步骤 2　实施计划						
1	调车信号的显示及进路确认	① 调车长口述调车信号及连挂信号的显示要求	65 分	⑤小项 5 分，其余每小项 15 分，根据回答内容是否完善酌情减分		
		② 调车长口述推进运行时前方进路的确认要求及连挂前调车长该做什么				
		③ 司机口述调车信号的确认要求				
		④ 司机口述单机或牵引运行时前方进路的确认要求				
		⑤ 车场调度员、值班员口述取消调车信号的程序				

（续）

序号	考核项目	考核内容及要求	配分	评分标准	得分	备注
2	连挂的规定	① 电力机车、动车组在有接触网终点的线路上调车及连挂时，末端车辆距警冲标较近时的注意事项 ② 司机、调车长口述 300m 以下及 150m 曲线半径的连挂要求 ③ 司机口述调车作业速度及连挂速度控制要求	35 分	①、② 小项各 10 分，③小项 15 分，根据回答内容是否完善酌情减分		
总分 100 分						
步骤 3　检查与控制						
1	调车安全注意事项	① 司机、调车员口述机车车辆哪些情况不能调动 ② 司机口述通过平交道口及库门前的注意事项 ③ 调车员口述调车作业中防溜措施要求 ④ 调车员口述摘车规定	40 分	每小项 10 分，错 1 项减 5 分		
2	劳动安全注意事项	① 司机、调车员口述调车作业中上、下车辆的注意事项 ② 调车员口述显示信号地点及在下部走行时的要求	10 分	每小项 5 分，错 1 项减 5 分		
3	禁止调车作业情况	调车长、司机口述①设备或障碍物侵入线路限界时；②禁止两列列车（工程车）在同一条股道上同时移动；③不具备安全动车条件时；④其他具有安全隐患的调车作业	20 分	每小项 5 分，错 1 项减 5 分		
4	调车允许速度	司机口述：调车作业要准确掌握速度，遇瞭望条件差、天气不良等非常情况应适当降低速度 ① 段场内空线牵引运行时限速 25km/h ② 段场内空线推进运行限速 15km/h ③ 调动装载超长货物的车辆限速 10km/h ④ 在尽头线调车时限速 10km/h，距车挡近于 10m 时限速 3km/h ⑤ 在停车库内及维修线时限速 5km/h ⑥ 对货位时限速 5km/h ⑦ 接近被连挂的车辆时，限 5km/h；距被连挂车辆近于 3m 时，限速 3km/h	30 分	错 1 项减 4 分		
总分 100 分						

课堂笔记

【评价反馈】

课堂笔记

1. 自我评价（表 5-14）

表 5-14　自我评价表

我做得好的地方	我还存在这些方面的问题
□ 动作准确	□ 动作不到位
□ 作业流程熟悉	□ 作业流程不熟悉
□ 着装符合要求	□ 着装不符合要求
□ 操作用时合理	□ 操作用时过长
□ 工作态度端正	□ 工作态度不够端正

2. 小组评价

我们组做到了：□ 全员参与　□ 分工明确　□ 工作高效　□ 完成了工作任务

3. 教师评价（表 5-15）

表 5-15　教师评价表

评价内容	评价指标	等次（星级评定）
活动态度方面	1）态度是否积极，是否主动组织或参与活动 2）与小组同学合作是否良好 3）活动是否认真、善始善终 4）是否勇于克服困难	☆☆☆☆☆
知识技能方面	1）查阅资料技能 2）实地观察记录能力 3）理论联系实际的应用能力 4）整理材料能力	☆☆☆☆☆

【知识巩固】

一、填空题

1. 参加调车作业的人员按规定着装，穿戴好____________用品，认真执行作业标准，保证调车有关人员的____________安全及____________安全。

2. 调车作业方法仅限____________、____________调车，禁止____________、____________调车。

3. 传达调车计划时，有关人员必须______________。变更调车计划时，必须____________传达。

4. 调车作业时，调车长必须正确、及时地显示____________，司机要认真确认信号并____________回示。没有回示时，应立即显示____________手信号。

5. 单机或牵引运行时，前方进路的确认由____________负责。

6. 推进运行时，前方进路的确认由____________负责。

7. 电客车、工程车在段场内通过平交道口及库门前，司机应____________，瞭望平交道口是否有障碍物或行人，库门是否完全打开，确认安全后才可通过平交道口或进出库门。

8. 调车作业时，应将车辆或列车停于线路____________内方，在确认调车车列已停妥后，做到摘车时先做好有效的____________措施后再摘车，对不再移动的车辆或列车，必须采取____________措施，防止车辆或列车自行溜走。

9. 工程车拆风管时，应做到“一关____________（关折角塞门），二关____________（关折角塞门），三摘____________，四____________”。

10. 过平交道口时，应一____________、二____________、三____________，注意左、右机车车辆的动态及脚下有无障碍物。

11. 若为工程车连挂列车车组调车作业，试拉前需由____________确认列车车组车钩已连挂到位，符合技术要求；由____________确认工程车车钩、过渡车钩已连挂到位，符合技术要求。

二、选择题

1. 调车工作必须贯彻统一领导、单一指挥的原则。车场调车工作由 DCC 车场调度统一领导，车站调车工作由车站值班员统一领导，调车作业由（　　）单一指挥。

A. 车场调度员　　B. 车站值班员

C. 调车长　　D. 行车调度员

2. 除封锁作业区域内行车计划由施工负责人直接提出外，其他情况的调车作业计划由（　　）正确及时地编制、布置。

A. 司机　　B. 调车员

C. 调车长　　D. 调车领导人（车场由车场调度员；车站由车站值班员）

3. 变更作业超过（　　）钩时，须收回原计划，重新出具书面计划，以确保计划准确。

A. 一　　B. 二　　C. 三　　D. 四

4. 距离被连挂车辆（　　）m 时，应一度停车，调车长确认被连挂车辆无作业防护标志，车上、车下无人作业，无侵限的障碍物，两车车钩状态及被连挂车辆防溜良好后，才可指挥司机按公司规定限速（3km/h）连挂车辆。

A. 5　　B. 10　　C. 15　　D. 20

5. 电力机车、动车组在有接触网终点的线路上调车时，应控制速度，距接触网终点应有（　　）m 的安全距离。

A. 5　　B. 10　　C. 15　　D. 20

6. 在（　　）m 曲线半径的线路上连挂时，须有车辆专业人员在现场进行技术指导，否则禁止连挂作业。

A. 150　　B. 200　　C. 250　　D. 300

7. 在尽头线调车时限速 10km/h，距车挡近于（　　）m 时限速 3km/h。

A. 5　　B. 10　　C. 20　　D. 30

课堂笔记

课堂笔记

8. 接近被连挂的车辆时，限 5km/h；距被连挂车辆近于 3m 时，限速（　　）km/h。

A. 3　　B. 5　　C. 10　　D. 15

三、判断题

1. 遇特殊情况需要越出车场范围调车或调车作业对正线及其辅助线有影响时，须取得行车调度员的同意，行车指挥权在车站时应取得车站的同意。（　　）

2. 调车领导人与调车指挥人必须亲自交接计划。（　　）

3. 调车指挥人应根据调车作业计划制订具体作业方法，连同注意事项，亲自向司机交递和传达，确认有关人员均已了解调车作业计划后，才可开始作业。（　　）

4. 调车作业前，有关作业人员必须核对计划，确认运行进路，检查线路、道岔、停留车及防溜措施等情况，确认通信设备、信号灯显、铁鞋等相关行车用品齐备且状态良好。（　　）

5. 调车作业必须按照调车信号机和调车手信号的显示要求进行，没有信号时不准动车，信号不清时立即停车。（　　）

6. 调车信号机开放后，需要取消时，信号楼值班员应通知司机或调车长后立即关闭信号机。（　　）

7. 没有显示三、二、一车距离信号，只要速度不超过 3km/h 就可以挂车。（　　）

8. 连挂后的车辆只要确认连挂好，可以不试拉，直接连接风管起动。（　　）

9. 连挂时，末端车辆距警冲标较近时，只要速度控制较低，可以不采取安全措施，直接连挂。（　　）

10. 车场内道岔区段及其他 300m 以下曲线半径线路原则上不得进行电客车连挂作业，特殊情况下需进行连挂作业时，须确认钩位，如果车钩不能达到对中范围的要求，须进行手动调整。（　　）

11. 不准调动挂有禁止开动的任何标志牌（或红闪灯）的车辆或列车。（　　）

12. 在段场内，两组车组或列车可以同时在同一条线路内对向移动，只要速度较低。（　　）

13. 调动车辆或列车前，要先检查线路及车辆和撤除防溜措施。（　　）

14. 摘车时，必须停妥，采取好防溜措施才可摘开车钩。（　　）

15. 原则上不允许在轨行区上、下机车车辆，如果因突发状况、施工要求等情况，作业人员须在轨行区停车时，选好地点，注意地面障碍物，确认安全后才可上、下机车车辆。（　　）

16. 调车员应走两线路之间显示手信号并注意邻线的机车车辆，严禁在道心、枕木头上行走。（　　）

17. 不准在钢轨上、车底下、枕木头、道心里坐卧或站立，且不准跨越地沟。（　　）

18. 设备或障碍物侵入线路限界，只要侵入不多，对安全没有多大影响，可以调车。（　　）

19. 编制调车计划时，对股道停留车距股道两端终点的距离标示清楚。（　　）

任务三　调试作业

【任务导入】

2022 年 1 月 4 日，工程车司机××、××担当××车辆段试车线配合蓄电池车调试作业任务。15:45 左右，施工负责人提出有事需下车，下车之前要求司机在厂方技术人员指导下继续进行 60km/h 紧急停车试验和防滑试验，并下达动车指令后下车；16:02:06 操纵司机（是带道司机）将单阀（小闸）手柄置单缓位后自阀（大闸）手柄直接拉至紧急制动位，制动缸压力上升至 110kPa，16:02:23 制动缸压力下降至 20kPa，速度下降至 11km/h；16:03:23 机车以 8km/h 的速度与试车线南端滑动式车挡相撞；16:04 机车在撞击止挡后被弹回约 3m，司机将单阀至制动区制动，厂方人员下车施加铁鞋。

存在的问题：

1）蓄电池车上使用的是 DK-1 型制动机，与正线列车车辆制动机型号完全不同，司机未经过培训，对该型号制动机性能不了解，擅自去负责机车驾驶，是造成事故发生的直接原因。

2）司机安全意识淡薄。按规定工程车在试车线上作业时，比照电客车 NRM 模式驾驶，须在 NRM 模式停车标前一度停车后以不超过 3km/h 的速度越过。当时在做 15km/h 的防滑测试，距离停车标只有约 200m 距离，且当时速度为 26km/h，属于严重超速运行。

看了上面的事故后，有什么感想？作为一个调试作业司机，该如何保证调试任务完成并确保调试作业安全？

课堂笔记

【学习目标】

目标名称	目标内容
知识目标	掌握调试作业中的各种规定、要求及安全措施★
技能目标	能说出调试作业的基本规定、要求及各项安全卡控措施◆
	能发现并评价他人在调试流程及安全卡控执行规程中存在的问题

注：◆ 代表学习难点；★ 代表学习重点。

【知识准备】

课堂笔记

一、基本定义和对调试司机的要求

车辆调试指新线开通运营前或对新接车辆、检修后的车辆进行线路、信号、车辆功能试验。车辆调试有车辆段试车线调试和正线调试两种。

对调试司机的要求：应选安全责任意识强、技术过硬的司机担任调试任务，司机应根据调试作业令内容和线路范围，熟悉调试内容、线路纵断面和调试列车操纵。严禁电客车实习学员操纵列车。

二、出勤作业

1）按正常程序出勤登记、领取行车备品、随身备品。

2）开小组会，制订小组计划，做好安全预想。

3）列车在车场时，在规定时间内到达指定地点对列车进行整备作业（如需调车，与车场调度员明确调车作业单内容及注意事项）；整备完毕、车辆具备运行安全条件后报有关人员（如车场调度员、信号楼值班员等）；确认调试人员到位后报有关人员（如车场调度员、信号楼值班员等），申请出库进路（若相关人员未到位，司机及时汇报有关人员），按出库时间点联系出库；列车由车场到达转换轨停稳后，确认手持台转到正线组，联系行车调度员，根据行车调度员的命令动车运行至指定地点；列车在正线时，司机按要求接车，接车后按行车调度员的命令执行。

三、调试作业的有关事宜

1）列车在动车出场前，司机必须正确理解调度命令内容（重点明确：日期时间、作业车次、作业区域、限制速度、驾驶模式等），明确调试负责人，与其确认调试内容及安全注意事项，清楚并明确调试程序后，双方在调试任务书上签名确认。司机需检查调试人员及设备到位等情况，是否具备行车安全条件；如果有异常，禁止动车并及时报告 DCC 车场调度员。

2）所有参与调试的员工必须严格执行相关安全规定、要求，自觉爱护车辆设施、设备，保持车内卫生；需交接时，做好交接记录。

3）调试列车进入调试区段由调试负责人指挥，遇特殊情况和危及安全时，在正线必须及时汇报行车调度员，在车场线必须及时汇报车场调度员。

4）调试完毕，必须对调试使用过的设备进行复原、功能检查和安全检查，在确定达到原有功能或新功能的全部要求后，由调试负责人办理施工销点。

四、列车调试安全规则及相关要求

1）司机在车站接到封锁命令后，与调试负责人共同确认命令内容；动车前确认线路限界、进路、信号的显示、调试人员到位等情况，是否具备行车安全条件；

如果有异常，禁止动车并报告行车调度员。

2）列车调试、试验作业的行车工作由司机负责。在调试、试验列车运行过程中，禁止调试、试验人员（含外单位人员）擅自动用与行车安全有关的设备设施。需要进行一些影响行车的试验操作（如进行紧急制动试验）时，需向司机交代清楚并经同意后才可进行，司机在同意前需落实好行车安全的事宜；司机不在现场时，禁止任何人操作列车上的任何设备。

3）电客车进行任何调试、试验，须由调试负责人统一指挥，司机根据调试计划的安排及行车调度员命令听从调试负责人指挥，明确调试程序及其安全事项，根据调试负责人的要求操纵。在指定的区域进行调试，凡是需要越过调试封锁区域时，必须得到行车调度员同意，与行车调度员确认运行进路安全后才可动车。

4）在调试、试验作业过程中出现车辆故障时，司机应及时向调试负责人汇报，由其进行处理，视其需要给予协助，禁止未经调试负责人同意擅自动用车载设备或进行任何试验操作。

五、调试中的安全注意事项

1. 调试中速度控制要求

1）调试、试验作业中，司机应严格执行规章制度、控制好速度、加强瞭望、认真操作，密切注意、观察设备仪表的状态，严格按照各个地铁公司相应线路行车组织规则中规定的速度或按行车调度员的限速命令运行，按照试车线（图 5-8）行车信号、标志要求，严格执行其各种限制速度，调试列车接近尽头线时严格执行速度控制要求，严禁超速。

2）试车线调试时，列车只能在试车线两端的对位标（图 5-9）区段内运行。特殊情况需要越过两端对位标时，必须由调试负责人提出，经车场调度员同意后才可进入，且按尽头线速度控制要求严格控制速度。

图 5-8　车场试车线

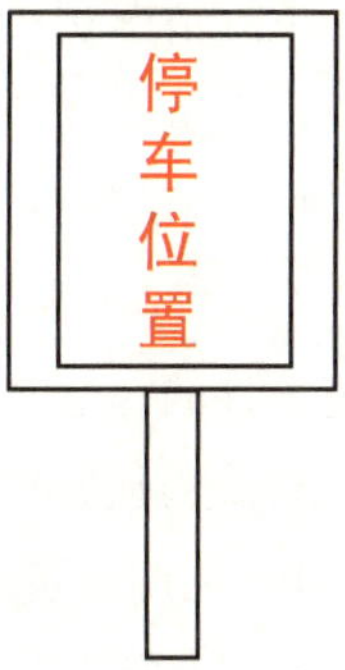

图 5-9　试车线对位标

课堂笔记

3）试车线进行较高速度（一般指 60km/h 以上）试验时，必须有列车加速达到较高试验速度点和达到高速试验速度点后的安全停车距离。如果距离不够，必须在两端“停车标”处对标停稳后，换端进行高速试验；如果在规定最高速度点（如 80km/h）未达到该速度时，严禁提速到最高速度点，应停止本趟高速试验。

2. 进路信号确认要求

1）调试中，司机向车站申请进路（具体按各公司规定执行），若涉及转线时，司机向行车调度员申请并落实进路（具体按各公司规定执行）。

2）司机应认真确认进路信号机的显示、道岔位置正确后，凭调试负责人的指令动车。遇信号确认困难地段，应适当降低速度直至能清楚确认信号显示后按规定的速度运行。运行中遇红灯时，应立即停车，得到行车调度员的命令后才可越过。

3）在调试过程中，遇信号异常或危及行车安全等情况时，应立即采取紧急停车措施，并及时汇报调试负责人、车场调度员（车场试车线）、行车调度员及有关部门，由调试负责人、行车调度员及有关部门决定调试作业是否继续进行。

3. 防溜措施执行

列车在中途站、两端终点站及区间停车时，应将主控手柄置于常用制动位；列车制动力不足发生溜车时，应施加紧急制动并按压停放制动施加按钮。

六、驾驶模式

1）调试作业前，应明确驾驶模式、运行速度、设备状况，否则按规定汇报处理。

2）调试作业中的驾驶模式应根据闭塞方式、调试内容要求以及调度命令要求选择。

3）试车线进行 AM 信号调试时，须先以 SM 模式运行，再进行 ATO 信号调试实验；AM 调试过程中，司机发现速度异常时必须立即采取紧停措施停车。

4）调试作业中，降级 RM 模式、切除 ATP 运行时须与行车调度员联控，得到行车调度员同意后才执行。

5）以 NRM 模式调试列车按 NRM 驾驶相关规定执行。

七、司机有权停止作业的情况

下列情况司机应给予坚决制止，严禁动车，并报有关部门处理。调试人员（含外单位人员）不听劝阻时，司机有权停止作业。

1）调试指令违反相关安全规定或规章时。

2）一节或两节车的牵引、制动系统故障或切除时，需限速调试、试验而不给限速条件的；三节车及以上的牵引、制动系统故障时。

3）不具备动车条件时。

4）无调试负责人在场时。

5）试车线调试、试验的安全措施不完善时（如无百米标、限速标、停车标等）。

6）调试作业内容不清或超出调试作业范围时。

7）遇恶劣天气（如雨雪、霜冻、大雾等），难以瞭望线路、道岔、信号等情况时。

8）其他危及列车调试、试验安全时。

八、其他注意事项

1）调试中监控司机在区间运行时，提前一站呼终点站，不得超出施工进场作业令（图 5-10）中的作业时间和运行区段。

2）配合外单位施工时，司机须听从本单位监管人员的指令动车。

3）司机明确作业时间，如需延点，由施工负责人向行车调度员申请，司机必须与行车调度员确认。

4）作业中加强联控，做好“自控、互控、他控”，确保调试作业安全。

施工进场作业令

作业代码	2A2-13-203（日补）	作业令号	[2021]运营3号线第（0813）－03 号
作业部门	电务车间	作业人数	
作业日期	2021-8-13	作业时间	19:00-次日4:00
作业项目	收敛台安装	作业区域	哈北站-大学城上下行、出入段线（含哈尔滨北站站岔区）
主要作业内容	1. 收敛台安装 2. 线路封锁 3. 严禁越出作业区域。 4. 做好线路出清工作，作业不能遗留金属物；严禁踏、踩、拉电缆架，在销点时向车站报告出清情况。 5. 严格按作业令安排的时间和空间范围进行作业，原则上不得延点，如特殊原因延点必须提前30分钟向OCC提出申请，经同意后才能按批准的时间延点。 区间各项设备已带电，施工作业人员要注意施工及人身安全。		
封锁区域	哈北站-大学城上下行、出入段线（含哈尔滨北站站岔区）		
停送电区域	无		
协作及其他	1. 施工单位： 电务车间（中铁四局） 2. 施工领导人： 黄秋中 3. 施工负责人： 无 4. 请点车站： 哈尔滨北站站 5. 销点车站： 哈尔滨北站站 6. 配合部门： 无 7. 工器具物料： 手钻、锤子、工具包、收敛台（材料） 8. 注意事项： 1、穿戴好荧光衣，作业完毕后注意人员和工器具出清。 2、距离接触网2米以外。 3、专职安全员现场巡视。 4、专职安全员：黄秋中 联系方式：18223457730		
发令人	王健博	（公章）	
主站		领导人	
辅站及负责人			
请点 时间		销点 时间	
请点 批准人		销点 批准人	

图 5-10 施工进场作业令

【信息收集】

一、我们的学习任务是什么？

课堂笔记

课堂笔记

二、为顺利完成本学习任务，请按要求完成信息的收集。

1）调试基本定义和对调试司机的要求：________________

2）出勤作业要求：________________

3）调试作业的有关事宜：________________

4）列车调试安全规则及相关要求：________________

5）调试中的安全注意事项：________________

6）驾驶模式：________________

7）司机有权停止作业项目：________________

8）其他注意事项：________________

【制订计划】

根据任务要求，对小组成员按施工负责人、行车调度员、车场调度员、司机、裁判和记录员进行合理分工，根据各自的职责范围制订详细的任务执行计划。

1）在表5-16、表5-17中填写基础信息。

表5-16 基础信息登记表一

类别	描述
完成本任务的计划时间/min	
小组成员完成本任务的计划时间/min	
小组成员完成本任务的得分要求（满分100分）	

表5-17 基础信息登记表二

类别	描述
模拟驾驶设备型号	
所使用的车辆段名称	
所需准备的其他材料（如行车备品）	

2）在表5-18中填写。

表5-18 分工表

序号	司机	车场调度员	车站值班员	行车调度员	组长	记录员	裁判

【实施计划】

步骤1：出勤作业及调试作业的有关事宜、列车调试安全规则相关要求及调试中的安全注意事项。

在教师的引导下，以小组为单位学习知识准备中“二”“三”“四”“五”的相关知识，并回答下列问题。

1. 针对调试作业制订小组计划内容有哪些？

2. 整备作业至出库前的注意事项有哪些？

3. 调试作业的有关事宜有哪些？

4. 司机在车站接到封锁命令时应与谁共同确认命令内容？动车前应注意什么？

5. 列车调试、试验作业的行车工作由谁负责？动用与行车安全有关的设备、设施有何规定？

6. 电客车进行调试、试验时，须由谁负责统一指挥？需要越过调试封锁区域时该如何处理？

7. 在调试、试验作业过程中出现车辆故障时，司机如何处理？

8. 司机在调试作业中应遵守哪些作业要求？

9. 试车线调试时，列车只能在试车线两端的对位标区段内运行。特殊情况需要越过两端对位标时，司机该如何处理？

10. 试车线进行较高速度试验时有什么要求？

11. 进路、信号确认有什么要求？

12. 列车在中途站、两端终点站及区间停车时的防溜措施有什么执行要求？

步骤 2：驾驶模式、司机遇哪些情况可以停止其作业及其他注意事项。

在教师的引导下，以小组为单位学习知识准备中的“六”“七”“八”相关知识，并回答下列问题。

1. 调试作业中的驾驶模式应根据什么要求选择？

2. 试车线进行 AM 信号调试时有什么要求？

3. 调试作业中，降级 RM 模式、切除 ATP 运行时司机应如何处理？

课堂笔记

4. 哪些情况下司机有权停止调试作业？

5. 其他注意事项有哪些？

课堂笔记

【检查与控制】

每个小组推选出代表，轮换扮演各角色成员，完成知识点的回答。各个小组的裁判员组成裁判员团队，对各角色成员进行打分，指定记录员对得分进行计算并记录到表 5-19 中。

表 5-19　检查评价记录表

序号	考核项目	考核内容及要求	配分	评分标准	得分	备注
步骤 1　检查与控制						
1	针对调试作业制订小组计划内容	① 是否根据调试任务制订 ② 是否结合调试线路制订 ③ 是否结合天气情况制订 ④ 是否有安全措施	10 分	每小项 2.5 分，根据回答内容是否完善酌情减分		
2	整备作业至出库前的注意事项	① 领取行车备品、随身备品是否齐全（列车钥匙、手持机等） ② 整备完毕后，是否向车场调度员汇报、是否联系出库进路 ③ 司机必须正确理解调度命令内容，明确调试负责人，与其确认调试内容及安全注意事项，清楚并明确调试程序后，双方在调试任务书上签名确认	15 分	每小项 5 分，根据回答内容是否完善酌情减分		
3	调试作业的有关事宜	① 所有参与调试的员工，必须严格执行相关安全规定要求，自觉爱护车辆设施设备，保持车内卫生，需交接时，做好交接记录 ② 调试列车进入调试区段由调试负责人指挥，遇特殊情况和危及安全时，在正线必须及时汇报行车调度员，在车场线必须及时汇报车场调度员 ③ 调试完毕，必须对调试使用过的设备进行复原、功能检查和安全检查，在确定达到原有功能或新功能的全部要求后，由调试负责人办理施工销点	25 分	①、②、③项 5 分，④小项 10 分，根据回答内容是否完善酌情减分		

（续）

序号	考核项目	考核内容及要求	配分	评分标准	得分	备注
4	列车调试安全规则及相关要求	① 与施工负责人共同确认命令内容；动车前确认线路限界、进路、信号的显示、调试人员到位等情况，是否具备行车安全条件，如有异常，禁止动车并报告行车调度员 ② 列车调试、试验作业的行车工作由司机负责。动用与行车安全有关的设备、设施时，需司机在场且同意落实好行车安全的事宜后进行 ③ 电客车进行任何调试、试验时，须由调试负责人统一指挥；需要越过调试封锁区域时必须得到行车调度员同意，并与行车调度员落实运行进路安全才可动车 ④ 在调试、试验作业过程中出现车辆故障时，司机应及时向调试负责人汇报，由其进行处理，视其需要给予协助，禁止未经调试负责人同意就擅自动用车载设备或进行任何试验操作	20分	每小项5分，根据回答内容是否完善酌情减分		
5	调试中的安全注意事项	① 司机应严格执行规章制度、控制好速度、加强瞭望、认真操作，密切注意、观察设备仪表的状态，严格执行各项限制速度，严禁超速 ② 试车线调试时，列车只能在试车线两端的对位标区段内运行。特殊情况需要越过两端对位标时，必须由调试负责人提出，经车场调度员同意后才可进入，且按尽头线速度控制要求严格控制速度 ③ 试车线进行较高速度试验时，必须有列车加速达到较高试验速度点和达到高速试验速度点后的安全停车距离，如果距离不够，必须在两端“停车标”处对标停稳后，换端进行高速试验；如果在规定最高速度点（如80km/h）未达到该速度，严禁提速到最高速度点，应停止本趟高速试验	30分	①、②、③、⑤小项各5分，④小项10分，根据回答内容是否完善酌情减分		

课堂笔记

（续）

序号	考核项目	考核内容及要求	配分	评分标准	得分	备注
5	调试中的安全注意事项	④ 进路、信号确认要求：调试中，司机向车站申请进路（具体按各公司规定执行），若涉及转线时，司机向行车调度员申请并落实进路（具体按各公司规定执行） 司机应认真确认进路信号机的显示、道岔位置正确后，凭调试负责人的指令动车。遇信号确认困难地段，应适当降低速度直至能清楚确认信号显示后按规定的速度运行。运行中遇红灯时，应立即停车，得到行车调度员的命令才可越过 在调试过程中，遇信号异常或危及行车安全等情况时，应立即采取紧急停车措施，并及时汇报调试负责人、车场调度员（车场试车线）、行车调度员及有关部门，由调试负责人、行车调度员及有关部门决定调试作业是否继续进行 ⑤ 列车在中途站、两端终点站及区间停车时，应将主控手柄置于常用制动位；列车制动力不足发生溜车时，应施加紧急制动并按压停放制动施加按钮		①、②、③、⑤小项各 5 分，④小项 10 分，根据回答内容是否完善酌情减分		
总分 100 分						
步骤 2　检查与控制						
1	驾驶模式	① 调试作业中驾驶模式的选择 ② 试车线进行 AM 信号调试时的要求 ③ 调试作业中，降级 RM 模式、切除 ATP 运行时司机的处理	15 分	每小项 5 分，错 1 项减 5 分，或根据回答内容是否完善酌情减分		
2	司机有权停止作业的情况	① 调试指令违反相关安全规定或规章时 ② 一节或两节车的牵引、制动系统故障或切除时，需限速调试、试验而不给限速条件的；三节车及以上的牵引、制动系统故障时 ③ 不具备动车条件时 ④ 无调试负责人在场时 ⑤ 试车线调试、试验的安全措施不完善时（如无百米标、限速标、停车标等） ⑥ 调试作业内容不清或超出调试作业范围时 ⑦ 遇恶劣天气（如雨雪、霜冻、大雾等），难以瞭望线路、道岔、信号等情况时	65 分	①～⑥小项每小项 10 分，⑦小项 5 分，根据回答内容是否完善酌情减分		

（续）

序号	考核项目	考核内容及要求	配分	评分标准	得分	备注
3	其他注意事项	① 调试中监控司机在区间运行时，提前一站呼终点站，不得超出施工作业令中的作业时间和运行区段 ② 配合外单位施工时，司机须听从本单位监管人员的指令动车 ③ 司机明确作业时间，如需延点，由施工负责人向主站申请，司机必须与行车调度员确认 ④ 作业中加强联控，做好“自控、互控、他控”，确保调试作业安全	20 分	每小项 5 分，错 1 项减 5 分，或根据回答内容是否完善酌情减分		
总分 100 分						

【评价反馈】

1. 自我评价（表 5-20）

表 5-20　自我评价表

岗位人员	存在问题
□ 施工负责人	□
□ 行车调度员	□
□ 车场调度员	□
□ 司机	□

2. 小组评价

我们组做到了：□ 全员参与　□ 分工明确　□ 工作高效　□ 完成了工作任务

3. 教师评价（表 5-21）

表 5-21　教师评价表

评价内容	评价指标	等次（星级评定）
活动态度方面	1）态度是否积极，是否主动组织或参与活动 2）与小组同学合作是否良好 3）活动是否认真、善始善终 4）是否勇于克服困难	☆☆☆☆☆
知识技能方面	1）查阅资料技能 2）实地观察记录能力 3）理论联系实际的应用能力 4）整理材料能力	☆☆☆☆☆

课堂笔记

【知识巩固】

课堂笔记

一、填空题

1. 车辆调试指新线开通运营前或对新接车辆、检修后的车辆进行________、________、车辆等功能试验。车辆调试有车辆段________调试和________调试两种。

2. 列车在动车出场前，如接收到调度命令，司机必须正确理解调度命令内容，重点明确：________、作业________、作业________、________、________等，明确________负责人。

3. 调试完毕，必须对调试使用过的设备进行________、________检查和________检查，在确定达到原有功能或新功能的全部要求后，由调试负责人办理施工销点。

4. 司机在车站接到封锁命令后，与调试负责人共同确认命令内容；动车前确认线路限界、进路、信号的显示、调试人员到位等情况，是否具备________条件；如有异常，禁止动车并报告________。

5. 试车线进行较高速度（一般指 60km/h 以上）试验时，如在规定最高速度点（如 80km/h）未达到该速度时，________提速到最高速度点，应________本趟高速试验。

6. 调试运行中遇红灯时，应立即________，得到________的命令才可越过。

7. 调试作业列车在中途站、两端终点站及区间停车时，应将主控手柄置________；列车制动力不足发生溜车时，应施加紧急制动并按压________按钮。

8. 调试作业中的驾驶模式应根据________方式、________内容要求以及________要求选择。

9. 调试中监控司机在区间运行时，提前一站呼终点站，不得超出施工作业令中的作业________和运行________。

二、选择题

1. 调试列车进入调试区段由（　　）负责指挥，遇特殊情况和危及安全时，在正线必须及时汇报行车调度员，在车场线必须及时汇报车场调度员。

A. 行车调度员　　B. 车场调度员
C. 调试人员　　D. 司机

2. 列车调试、试验作业的行车工作由（　　）负责。

A. 行车调度员　　B. 车场调度员
C. 调试人员　　D. 司机

3. 在指定的区域进行调试，凡是需要越过调试封锁区域时，必须得到（　　）同意，与其确认运行进路安全才可动车。

A. 行车调度员　　B. 车场调度员
C. 调试人员　　D. 司机

4. 在调试、试验作业过程中出现车辆故障时，司机应及时向（　　）负责人汇报，由其进行处理，视其需要给予协助。

A. 行车调度员　　B. 车场调度员

C. 调试人员　　D. 司机

5. 调试作业时，禁止未经（　　）同意擅自动用车载设备或进行任何试验操作。

A. 行车调度员　　B. 车场调度员

C. 调试人员　　D. 司机

6. 试车线调试时，列车只能在试车线两端的对位标区段内运行。特殊情况需要越过两端对位标时，必须由（　　）提出，经车场调度员同意后才可进入，且按尽头线速度控制要求严格控制速度。

A. 行车调度员　　B. 车场调度员

C. 调试人员　　D. 司机

7. 试车线进行 AM 信号调试时，须先以（　　）模式运行再进行 ATO 信号调试实验。

A. AM　　B. SM　　C. RM　　D. NRM

8. 调试作业中，降级 RM 模式、切除 ATP 运行时须与（　　）联控，得到其同意。

A. 行车调度员　　B. 车场调度员

C. 调试人员　　D. 司机

三、判断题

1. 应选安全责任意识强、技术过硬的司机担任调试任务，司机应根据调试作业令内容和线路范围，熟悉调试内容、线路纵断面和调试列车操纵。（　　）

2. 电客车实习学员可以操纵调试列车。（　　）

3. 调试作业时按正常程序出勤登记、领取行车备品、随身备品。开小组会，制订小组计划，做好安全预想。（　　）

4. 所有参与调试的员工，必须严格执行相关安全规定、要求，自觉爱护车辆设施、设备，保持车内卫生；需交接时，做好交接记录。（　　）

5. 在调试、试验列车运行过程中，调试、试验人员（含外单位人员）可以任意动用与行车安全有关的设备、设施。（　　）

6. 调试试验时，若需要进行一些影响行车的试验操作（如进行紧急制动试验），需向司机交代清楚并经同意后才可进行，司机在同意前需落实好行车安全的事宜。（　　）

7. 调试、试验作业，司机应严格执行规章制度、控制好速度、加强瞭望、认真操作，密切注意、观察设备仪表的状态。（　　）

8. 试车线进行较高速度试验时，必须有列车加速达到较高试验速度点和达到高速试验速度点后的安全停车距离。如果距离不够，必须在两端“停车标”处对标停稳后，换端进行高速试验。（　　）

课堂笔记

课堂笔记

任务四 列车救援——故障列车作业流程

【任务导入】

2022年1月12日，司机××担当0816次0207车正线值乘任务。在1号线宝带桥南-大湾站上行区间，列车突发紧急制动，车辆屏死屏，列车无牵引力。司机按规定程序处理无果后申请救援。作为一名故障列车司机，你该如何做好救援准备及救援过程中的安全互控？

【学习目标】

目标名称	目标内容
知识目标	掌握故障列车救援的各项准备工作及安全措施★
技能目标	能说出小曲线半径连挂技能要求、列车之间的功能互控方法◆

注：◆ 代表学习难点；★ 代表学习重点。

【知识准备】

一、电客车故障应急处置原则

1）车场运行遇突发情况时，应尽量将列车停于库内/停车线；若不能停于库内/停车线，应尽量避免将列车停于道岔、平交道口和转换轨处。正线运行遇突发情况时，司机在保证安全的前提下尽可能运行至前方站；若不能到达前方站，应尽可能在平直线路上停车。

2）疏散时以保证乘客安全为原则。

3）电客车司机应及时进行初期处置，避免引发次生伤害。

4）电客车司机在初期处置过程中要保持通信畅通，及时将现场情况向行车调度员汇报。

5）在事故处理过程中，司机严格按照行车调度员、车场调度员或者现场指挥人的命令执行，非行车调度员、车场调度员或者现场指挥人的命令视为无效命令，可以拒绝。

二、电客车故障信息汇报内容

电客车故障信息汇报内容包括汇报人姓名、工号、部门；事故发生的时间、地点（区间以公里标和百米标为准）、车次、车号；事故概况及车辆损坏情况及运营影响程度；人员伤亡情况；其他必须说明的内容。

三、故障电客车在被救援时的处理程序

1. 汇报、安抚、清客

列车司机按照信息汇报内容及时、准确地报告行车调度员，与行车调度员确认来车方向、救援方式；故障列车若在车站站台，收到行车调度员清客命令后播放清客广播，做好清客；故障列车若在区间则广播安抚乘客，在与救援列车连挂运行后的第一个停靠站清客，将手持机转至“救援组”。

2. 防护

开启列车标志灯，开启来车方向前照灯。若列车为无电状态，则降下受电弓，并在连挂端司机台放置红闪灯（图 5-11）作为防护信号（救援列车到达后，准备连挂前撤出防护信号）。

3. 防溜

在激活端司机室施加停放制动，主控手柄置于制动区，切除当前 ATP（ATP 故障切除开关），保留连挂端两个 B05（图 5-12），沿途切除剩余 B05（切除 B05 后锁好 B05 盖板），切除尾端 ATP，等候救援列车。

课堂笔记

图 5-11 红闪灯

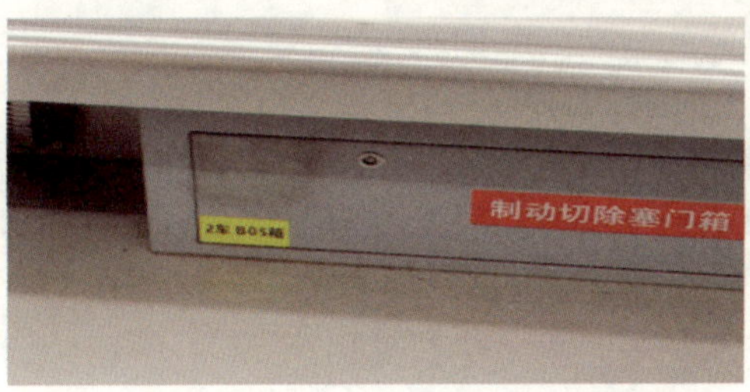

图 5-12 B05

4. 指挥连挂、试拉

救援列车到达停车后，撤出防护信号，关闭前照灯，在连挂司机室或车下（是否允许司机下车由各公司规定）确认救援车钩（图 5-13）处于对中位，具备连挂条件，显示连挂信号（故障列车已做好防溜措施，可以连挂），连挂完毕后确认安全并同意试拉，确认试拉正常（联控用语：连挂完毕，试拉良好）。

图 5-13 全自动车钩

5. 撤防溜及功能转换

切除剩余 B05，激活司机台，解除停放制动，确认车辆屏所有 B05 切除成功；根据救援列车司机

要求，将连挂端的救援转换开关置于救援位，测试停放制动相互控制、司机室对讲良好，然后将救援模式转至非救援合位。

课堂笔记

6. 运行安全互控

1）运行前，再次确认停放制动缓解、制动缓解，与救援列车司机核对救援命令内容（运行方式、运行路径、停车位置、安全注意事项等）。

2）被推进运行时，故障列车司机负责前方线路瞭望，确认进路、道岔正确、信号开放。与救援列车司机进行互控（联控用语：故障列车所有制动已缓解，绿/黄灯好、道岔好，可以动车等），需在3s（间隔时间由各公司规定）内进行联控确认进路情况。遇危及行车安全情况时，立即通知救援列车司机停车；联系不上救援列车司机且情况危及行车安全时，及时施加停放制动并鸣示“紧急停车信号”。

3）列车在区间故障需在车站清客时，推进运行时，指挥救援列车司机按三、二、一车限速控制速度及报5m、3m、1m距离对标停车，确认停放制动施加，开启屏蔽门、车门清客。清客完毕，确认站台“好了”信号，关闭屏蔽门、车门，联控救援列车司机缓解停放制动，确认停放制动已缓解，联控救援列车司机动车（联控用语：所有制动已缓解，绿/黄灯好、道岔好，可以动车等）。

7. 终止停车解钩

指挥定位停车后，确认停放制动已施加，恢复就近两个B05，确认切除标消失，与救援列车司机联系进行解钩操作（联控用语：列车已做好防溜措施，可以解钩）。解钩成功后，将救援模式转至救援分位，恢复剩余B05，再次确认停放制动已施加后报告行车调度员（联控用语：故障、救援列车解钩完毕，离钩成功，所有B05已恢复、停放制动已施加）。

【信息收集】

一、我们的学习任务是什么？

____

____

____

二、为顺利完成本学习任务，请按要求完成信息的收集。

1）电客车故障应急处置原则：______________________________

2）电客车故障信息汇报内容：______________________________

3）故障电客车在被救援时的处理程序：

① 汇报、安抚、清客：______________________________

② 防护、防溜：______________________________

③ 指挥连挂、试拉：______________________________

④ 撤防溜及功能转换：______________________________

⑤ 运行安全互控：______________________________

4）终止停车解钩：______________________________

【制订计划】

根据任务要求，对小组成员按司机、行车调度员、车场调度员、裁判、记录员根据各自的职责范围制订详细的任务执行计划。

1）在表 5-22、表 5-23 中填写基础信息。

表 5-22　基础信息登记表一

类别	描述
完成本任务的计划时间/min	
小组成员完成本任务的计划时间/min	
小组成员完成本任务的得分要求（满分 100 分）	

表 5-23　基础信息登记表二

类别	描述
模拟驾驶设备型号	
所使用的车辆段名称	
所需准备的其他材料（如行车备品）	

2）在表 5-24 中填写。

表 5-24　分工表

序号	司机	车场调度员	车站值班员	行车调度员	组长	记录员	裁判

课堂笔记

【实施计划】

电客车故障应急处置原则及电客车故障信息汇报内容及处理程序。在教师的引导下，以小组为单位学习知识准备中的“一”“二”“三”相关知识，并回答下列问题。

1. 电客车故障应急处置原则是什么？

____

2. 电客车故障信息汇报内容有哪些？

____

3. 故障电客车在被救援时的处理程序是什么？

1）汇报、安抚、清客：

____

课堂笔记

2）防护、防溜：

3）指挥连挂、试拉：

4）撤防溜及功能转换：

5）救援运行安全互控：

4. 终止停车解钩的方法是什么？

【检查与控制】

每个小组推选出代表，轮换扮演各角色成员，完成知识点的回答。各个小组的裁判员组成裁判员团队，对各角色成员进行打分，指定记录员对得分进行计算并记录到表 5-25 中。

表 5-25　评价记录表

序号	考核项目	考核内容及要求	配分	评分标准	得分	备注
1	电客车故障应急处置原则	知识准备中一的 1)~5) 小项内容	25 分	每小项 5 分，漏错 1 项减 5 分，或根据回答内容是否完善酌情减分		
2	电客车故障信息汇报内容	知识准备中的二内容	5 分	漏 1 项减 1 分，减完为止		
3	故障电客车在被救援时的处理程序	① 汇报、安抚、清客	70 分	每小项各 10 分，漏错 1 项减 10 分，或根据回答内容是否完善酌情减分		
		② 防护				
		③ 防溜				
		④ 指挥连挂、试拉				
		⑤ 撤防溜及功能转换				
		⑥ 运行安全互控				
		⑦ 终止停车解钩				
总分 100 分						

【评价反馈】

1. 自我评价（表 5-26）

表 5-26　自我评价表

我做得好的地方	我还存在这些方面的问题
☐ 动作准确	☐ 动作不到位
☐ 作业流程熟悉	☐ 作业流程不熟悉

（续）

我做得好的地方	我还存在这些方面的问题
□ 着装符合要求	□ 着装不符合要求
□ 操作用时合理	□ 操作用时过长
□ 工作态度端正	□ 工作态度不够端正

2. 小组评价

我们组做到了：□ 全员参与　□ 分工明确　□ 工作高效　□ 完成了工作任务

3. 教师评价（表 5-27）

表 5-27　教师评价表

评价内容	评价指标	等次（星级评定）
活动态度方面	1）态度是否积极，是否主动组织或参与活动 2）与小组同学合作是否良好 3）活动是否认真、善始善终 4）是否勇于克服困难	☆☆☆☆☆
知识技能方面	1）查阅资料技能 2）实地观察记录能力 3）理论联系实际的应用能力 4）整理材料能力	☆☆☆☆☆

【知识巩固】

课堂笔记

一、填空题

1. 车场运行遇突发情况时，应尽量将列车停于库内/停车线；若不能停于库内/停车线，应尽量避免将列车停于____________、____________和____________处。

2. 正线运行遇突发情况时，司机在保证安全的前提下尽可能运行至__________；若不能到达前方站，应尽可能在____________线路上停车。

3. 电客车司机在列车故障应急处理时，应及时进行____________处置，避免引发次生伤害。

4. 列车司机按照信息汇报内容及时、准确报告行车调度员，与行车调度员确认____________方向、____________方式。

5. 故障列车被救援时，防护措施可采用开启列车____________，开启来车方向____________，或在连挂端司机台放置____________作为防护信号（救援列车到达后，准备连挂前撤出防护信号）。

6. 故障列车防溜措施应采用在激活端司机室施加____________制动，主控手柄置于____________。

7. 故障列车被救援时，运行前须再次确认____________制动缓解、__________缓解，与救援列车司机核对救援命令内容（运行方式、运行路径、停车位置、安全注意事项等）。

8. 故障列列车被推进运行时，故障列车司机负责前方线路瞭望，确认________、____________正确、____________开放。

课堂笔记

9. 故障列列车被推进运行时，故障车司机负责前方线路瞭望，遇危及行车安全情况时，立即通知救援列车____________停车；联系不上救援列车司机且情况危及行车安全时，及时施加____________制动并鸣示____________。

10. 指挥救援列车司机按____________车限速控制速度及报 5m、3m、1m 距离对标停车。列车定位停车后，确认____________制动已施加，恢复就近两个____________，确认切除标消失，与救援列车司机联系进行解钩操作。解钩成功后将救援模式转至救援分位，恢复剩余____________，再次确认____________制动已施加后报告行车调度员。

二、判断题

1. 疏散时以保证乘客安全为原则。（　）

2. 在事故处理过程中，司机严格按照行车调度员、车场调度员或者现场指挥人的命令执行，非行车调度员、车场调度员或者现场指挥人的命令视为无效命令，可以拒绝。（　）

3. 列车故障时，若故障列车在车站站台，收到行车调度员清客命令后播放清客广播，做好清客；故障列车若在区间则广播安抚乘客，在与救援列车连挂运行后的第一个停靠站清客。（　）

4. 故障列车救援准备时，需切除 ATP，其目的是故障列车在牵引和推进运行时不产生本车的 ATP 功能保护。（　）

5. 当救援列车连挂好后，保留连挂端的两个 B05 可以不切除运行，以保证列车的制动作用。（　）

6. 救援列车连挂时，具备连挂的主要条件是确认两个车钩是否对中。（　）

7. 两车钩连挂后，只要确认连挂好了，可以不试拉。（　）

任务五 列车救援——救援列车作业流程

【任务导入】

2022 年 1 月 12 日，司机××担当 0816 次 0207 车正线值乘任务。在 1 号线宝带桥南-大湾站上行区间，列车突发紧急制动，车辆屏死屏，列车无牵引力。司机按规定程序处理无果后，向行车调度员申请救援。行车调度员组织列车救援。23:08，行车调度员命令：准 8101 次 0230 车担当救援列车，与 0816 次连挂后改开 9901 次推进运行至宝带桥南存 2 道。作为一名救援列车司机，你该如何安全完成这次救援任务？

【学习目标】

目标名称	目标内容
知识目标	掌握救援列车开行各项程序及安全措施★
技能目标	能说出小曲线半径连挂技能要求、列车之间的功能互控方法◆

注：◆ 代表学习难点；★ 代表学习重点。

【知识准备】

课堂笔记

一、确认命令、清客

接到救援命令后，明确救援命令内容、运行目的地、故障列车位置及安全注意事项。原则上空车前往救援，在车站播放清客广播两次，确认清客完毕后，关闭客室照明，确认行车凭证和动车条件，将手持台转至“救援组”。

二、前往连挂

以 AM 或 SM 模式运行到“推荐速度 0 码”处停车，切除两端 ATP，检查连挂端 CBTC 处于断开位；以 NRM 模式运行，距故障列车 10m（以各公司轨道的距离为准）外一度停车；限速 5km/h 接近故障列车，距 3m 处一度停车，确认故障列车车钩在对中位。

三、连挂、试拉

1）联系故障列车司机是否具备连挂条件（联控用语：故障列车是否已做好防

课堂笔记

溜措施，可否连挂)，确认故障列车司机的连挂指令，以挂车模式限速 3km/h 连挂（图 5-14)，连挂正常后，试拉（联控用语：连挂完毕，试拉良好)。

2）试拉良好后，根据列车类型，将连挂端的救援转换开关转至救援位，测试停放制动相互控制，然后转至非救援合位，测试司机室对讲良好。

3）与故障列车司机联控（联控用语：救援模式已转至非救援合位)，切除 ATP，施加列车空气制动，缓解停放制动。

图 5-14　车辆连挂

四、救援运行

1）与行车调度员明确运行路径、停车地点、清客要求及安全注意事项。如果是牵引运行，确认信号道岔正确，具备动车条件，与故障列车司机联控并征得故障列车司机同意后启动列车。如果是推进运行，根据故障列车司机的启动信号动车（联控用语：故障列车所有制动已缓解，绿/黄灯好、道岔好，可以动车)，途中加强联系，收到停车指令、发现异常、联系中断时立即停车。故障列车被救援列车牵引运行时限速 45km/h（根据各公司规定执行)，故障列车被救援列车推送运行时速度为 25km/h（根据各公司规定执行)，任一列车载客时限速 25km/h（根据各公司规定执行)。

2）故障列车需在车站清客时，按故障列车司机指令准确停车后将主控手柄置全制动位，施加停放制动；得到故障列车清客完毕联控后缓解停放制动，凭故障列车司机动车指令继续运行（联控用语：所有制动已缓解，绿/黄灯好、道岔好，可以动车)。

五、终止停车解钩

推进运行接近停车点时，按照“三、二、一车”距离控制好速度，在故障列车接近停车位置 10m 时，做好随时停车准备，听到停车指令时立即停车，施加停放制动（联控用语：列车停放制动已施加)，由连挂端司机室的司机负责进行解钩操作（联控用语：列车已做好防溜措施，可以解钩)。解钩后，缓解停放制动，离钩 30cm 后停车，将救援模式转至救援分位，恢复 ATP，报行车调度员并按行车调度员指示执行。

六、高加速启用取消说明

1）列车在区间上坡路线停车救援时，因瞬时启动而需要较大牵引力时，需启用高加速：将救援模式打至救援合位，确认车辆屏“取消高加速”已启用（按键显蓝色），与故障列车司机进行联控（联控用语：救援模式已转至救援合位，“高加速”启用）。

2）列车启用高加速动车运行到平直线路后停车，取消高加速：将连挂端司机室的救援模式转至非救援合位，确认车辆屏“取消高加速”按键显灰，与故障列车司机联控（标准用语：救援模式已转至非救援合位，车辆屏“取消高加速”按键显灰）。取消高加速情况下，首次推牵引手柄需50%以上牵引。

3）救援模式在非救援合位时，按压紧急停车按钮后，救援列车、故障列车均施加紧急制动。

4）接到救援列车司机联控“高加速”已启用后，重点关注列车运行速度。非救援合位时，按压紧急停车按钮后，救援列车、故障列车均施加紧急制动。

5）列车进入平直道后，故障列车司机应及时通知救援列车司机停车，将救援模式转至非救援合位，收到救援列车司机“救援模式已转至非救援合位，车辆屏取消高加速按键显灰”的通知后，才能再次指挥动车。

【信息收集】

1. 我们的学习任务是什么？

____

____

____

____

2. 为顺利完成本学习任务，请按要求完成信息的收集。

1）调度命令确认及清客：______________________________

2）前往连挂试拉：______________________________

3）救援运行：______________________________

4）终止停车解钩：______________________________

【制订计划】

根据任务要求，请小组成员扮演故障列车司机、救援列车司机、行车调度员、裁判、记录员角色并根据各自的职责范围制订详细的任务执行计划。

1）在表5-28、表5-29中填写基础信息。

表5-28 基础信息登记表一

类别	描述
完成本任务的计划时间/min	
小组成员完成本任务的计划时间/min	
小组成员完成本任务的得分要求（满分100分）	

课堂笔记

课堂笔记

表 5-29 基础信息登记表二

类别	描述
模拟驾驶设备型号	
所使用的车辆段名称	
所需准备的其他材料（如行车备品）	

2）在表 5-30 中填写小组分工。

表 5-30 分工表

序号	司机	车场调度员	车站值班员	行车调度员	组长	记录员	裁判

【实施计划】

在教师的引导下，以小组为单位学习知识准备中的救援列车司机作业程序相关知识，并回答下列问题。

1. 调度命令确认及清客的程序是什么？

____

2. 前往连挂试拉的程序是什么？

____

3. 救援运行的程序是什么？

____

4. 终止停车解钩的程序是什么？

____

【检查与控制】

每个小组推选出代表，轮换扮演各角色成员，完成知识点的回答。各个小组的裁判员组成裁判员团队，对各角色成员进行打分，指定记录员对得分进行计算并记录在表 5-31 中。

表 5-31 评价记录表

序号	考核项目	考核内容及要求	配分	评分标准	得分	备注
1	调度命令确认及清客	知识准备中一的内容	10 分	未说明以下项点，每项扣 2 分，扣完为止：运行目的地；故障列车位置；安全注意事项；确认清客完毕；确认行车凭证；动车条件；手持台转至“救援组”		

（续）

序号	考核项目	考核内容及要求	配分	评分标准	得分	备注
2	前往连挂试拉	知识准备中二、三的内容	50分	未说明以下项点，每项扣3分，扣完为止：以AM或SM模式运行到“推荐速度0码”处停车；切除两端ATP，CBTC处于断开位；以NRM模式运行，距故障列车10m处一度停车；限速5km/h接近故障车，距3m处一度停车；确认故障列车车钩在对中位；联系故障列车司机是否具备连挂条件；确认故障列车司机的连挂指令；以挂车模式限速3km/h连挂，连挂正常后，试拉；根据列车类型，将连挂端的同类车救援转换开关转至救援位，测试停放制动相互控制，然后转至非救援合位；测试司机室对讲良好；与故障列车司机联控；切除ATP；施加列车空气制动，缓解停放制动		
3	救援运行	知识准备中四的内容	30分	未说明以下项点，每项扣5分，扣完为止：与行车调度员明确运行路径、停车地点、清客要求及安全注意事项；牵引运行起动列车前的注意事项；推进运行前的注意事项；推进运行中的注意事项；是否说明遵守公司规定的救援牵引、推进运行各类限制速度；故障列车需在车站清客时，列车停车操纵及防溜措施；清客完毕后的停放制动缓解及动车条件		
4	终止停车解钩	知识准备中五的内容	10分	未说明以下项点，每项扣2分，扣完为止：说明按照“三、二、一车”距离控速；接近停车点及听到停车指挥时操纵事项；停车后的防溜措施；解钩前的安全注意事项；解钩后的列车救援模式转换及ATP恢复；报行车调度员并按行车调度员指示执行		
总分100分						

【评价反馈】

1. 自我评价（表5-32）

表5-32 自我评价表

我做得好的地方	我还存在这些方面的问题
□ 动作准确	□ 动作不到位
□ 作业流程熟悉	□ 作业流程不熟悉
□ 着装符合要求	□ 着装不符合要求
□ 操作用时合理	□ 操作用时过长
□ 工作态度端正	□ 工作态度不够端正

课堂笔记

课堂笔记

2. 小组评价

我们组做到了：□ 全员参与 □ 分工明确 □ 工作高效 □ 完成了工作任务

3. 教师评价（表 5-33）

表 5-33 教师评价表

评价内容	评价指标	等次（星级评定）
活动态度方面	1）态度是否积极，是否主动组织或参与活动 2）与小组同学合作是否良好 3）活动是否认真、善始善终 4）是否勇于克服困难	
知识技能方面	1）查阅资料技能 2）实地观察记录能力 3）理论联系实际的应用能力 4）整理材料能力	

【知识巩固】

一、填空题

1. 列车救援时，救援列车司机接到救援命令后，明确救援命令内容、运行____________、故障列车____________及____________注意事项。

2. 列车救援时，原则上____________前往救援，在车站播放清客广播两次后，确认____________完毕后，关闭客室照明，确认行车____________和动车条件。

3. 列车救援时，救援列车以 AM 或 SM 模式运行到____________“推荐速度 0 码”处停车，切除两端____________，检查连挂端 CBTC 处于断开位；以____________模式运行，距故障列车 10m（以各公司轨道的距离为准）外一度停车；限速 5km/h 接近故障列车，距 3m 处一度停车，确认故障列车车钩在____________。

4. 列车救援连挂时，救援列车司机应联系故障列车司机是否具备____________条件，确认故障列车司机的连挂指令，以挂车模式限速____________连挂，连挂正常后必须____________。

5. 列车救援推进运行时，救援列车司机应根据故障列车司机的____________动车，途中加强联系，收到____________指令、发现____________、____________时立即停车。

6. 故障列车需在车站清客时，按故障列车司机指令准确停车后将主控手柄置全制动位，施加____________制动；得到故障列车清客完毕联控后缓解____________制动，凭故障列车司机____________指令继续运行。

7. 救援到达停车解钩后，缓解____________制动，离钩 30cm 后停车，将救援模式转至____________位，恢复____________，报____________按____________指示执行。

二、判断题

1. 列车救援时，救援列车司机应将手持台转至“救援组”。（ ）

2. 列车救援试拉良好后，根据列车类型，将连挂端的同类车救援转换开关转至非救援合位，测试停放制动相互控制、测试司机室对讲良好。（ ）

3. 列车救援连挂试拉好后，将救援模式转至非救援合位，与故障车司机联控，切除 ATP，施加列车空气制动，缓解停放制动。 ( )

4. 列车救援时，如果是牵引运行，确认信号道岔正确，启动列车。 ( )

5. 列车救援牵引或推进运行时，应遵守公司规定的各项限制速度。 ( )

6. 列车救援推进运行接近停车点时，按照“三、二、一车”距离控制好速度，在故障车接近停车位置 10m 时，做好随时停车准备，听到停车指令时立即停车，施加停放制动。 ( )

7. 列车救援到达停车点采取防溜措施后，由连挂端司机室的司机负责进行解钩操作。 ( )

三、问答题

1. 担任救援任务的列车司机，如何启用、取消高加速按钮？

2. 电客车故障信息汇报内容有哪些？

课堂笔记

延伸阅读

调试是新车出厂前最后的体检。在被称为“机车摇篮”的中车大连机车车辆有限公司，有一位年轻人被誉为“机车神医”，他的名字叫张如意，他参与了和谐号、复兴号所有机车首发车型的调试。一台机车，数万个零部件，上万米的导线，张如意要做的就是在繁杂的系统中找到每一处导致机车无法正常运行的症结所在。张如意为了学会一套软件，一边拉着翻译连比带画地向外国专家请教，一边把自己关在厂房里从早到晚地调试、实验，经过两个多月的苦苦摸索，逐步弄清了软件的工作原理，成为厂里利用软件诊断机车主变压器接地故障的第一人。此后，他开发了一个软件检测网压网流波形，让检测效率提高了几十倍。如今，张如意已经成为掌握电力机车先进技术的专家型人才。

学而思

通过“机车神医”先进事迹的学习，谈一谈技术创新的重要性。

参考文献

[1] 上海申通地铁集团. 城市轨道交通电动列车驾驶 [M]. 北京：中国铁道出版社，2012.
[2] 毛昱洁. 城市轨道交通电动列车驾驶 [M]. 北京：机械工业出版社，2015.
[3] 蔡海云. 城市轨道交通电动列车驾驶 [M]. 北京：人民交通出版社股份有限公司，2018.